ADAC Reiseführer

W0191254

Hamburg

**Architektur · Theater · Museen · Nachtleben
Shopping · Spaziergänge · Hotels · Restaurants**

Die Top Tipps führen Sie zu den Highlights

von Gudrun Altrogge

Leserforum

Die Meinung unserer Leserinnen und Leser ist wichtig, daher freuen wir uns von Ihnen zu hören. Wenn Ihnen dieser Reiseführer gefällt, wenn Sie Hinweise zu den Inhalten haben – Ergänzungs- und Verbesserungsvorschläge, Tipps und Korrekturen –, dann kontaktieren Sie uns bitte:

**Redaktion ADAC Reiseführer
ADAC Verlag GmbH & Co. KG
Hansastraße 19, 80686 München
reisefuehrer@adac.de
www.adac.de/reisefuehrer**

Hamburg Kaleidoskop

Karten und Pläne

☐ Service

Hamburg aktuell A bis Z 115

Register 139

Hamburg Impressionen

Das Hoch im Norden

Hamburg – das Tor zur Welt, die Schöne, das Hoch im Norden. Großartige Schlagworte, die eigentlich ganz unhanseatisch sind. Zeichnet sich die hamburgische Lebensart doch durch *Understatement*, durch feine Zurückhaltung aus. Den heimlichen Stolz auf ihre Stadt können aber auch die Hanseaten nicht verbergen. Und dieser Stolz besteht zu Recht, denn Hamburg zählt zu den schönsten Städten Deutschlands und bietet seinen Gästen Stadtleben pur, Kultur und Vergnügen, dazu Naturerlebnisse durch zahlreiche Grün- und Wasserflächen.

Da können auch einige *Vorurteile* nicht abschrecken, zumal ihnen der rechte Wahrheitsgehalt fehlt. Erstens, es regnet in Hamburg auch nicht mehr als in anderen deutschen oder europäischen Städten. Zum Vergleich: 770 mm Niederschlag fallen im Jahr in der Hansestadt, in Venedig sind es sogar 800 mm. Und wenn doch einmal so richtiges Schmuddelwetter – oder ›Schietwetter‹, wie der Hamburger sagen würde – herrscht, muss man noch lange nicht zu Hause bleiben. Ein großes Netz von attraktiven Passagen in der Hamburger City bietet auch bei Regen die Möglichkeit zum gemütlichen *Shopping*, *Schlendern* und *Schlemmen*.

Zum zweiten Vorurteil: Hamburg ist keineswegs eine kunstfeindliche Stadt. Neben der sprichwörtlichen *Kaufmannsmentalität* beweisen die Hanseaten nämlich viel Sinn für die schönen *Künste*. Zahlreiche **Museen** von internationalem Rang gehen auf private Initiative zurück. So zum Beispiel das Museum für Hamburgische Geschichte, das Museum für Kunst und Gewerbe und die Hamburger Kunsthalle mit der Galerie der Gegenwart. Neben den insgesamt sieben staatlichen gibt es rund 40 private Museen. Darunter so exotische Sammlungen wie

Oben: *Hamburg als Hort großer Kunst – Gabriele Münters Blumengemälde etwa kann man in der Kunsthalle bewundern*
Unten: *Sommervergnügen am Alsterufer*
Rechts oben: *Hamburgs ›Gute Stube‹ – Rathaus und historische Boote am Alsterfleet*
Rechts: *Stimmungsvoller Ausklang des Tages auf der Aussichtsterrasse Stintfang bei den Landungsbrücken*

Spicy's Gewürzmuseum oder das Afghanische Museum, beide in der Speicherstadt. Ebenso vielfältig ist die **Theaterlandschaft**. Allabendlich bieten das renommierte Deutsche Schauspielhaus, das Thalia Theater sowie ca. 40 Privatbühnen ein Programm, in dem jeder Bühnenfreund etwas findet.

Ein drittes Vorurteil, das hier ausgeräumt werden muss: Hamburger sind gar nicht so ›s-teif‹ und ›s-tur‹, wie immer wieder von bösen Zungen behauptet wird. Vielleicht sind sie etwas zurückhaltender als beispielsweise rheinische Frohnaturen. Aber sie sind höflich, und wenn sie erst einmal auftauen, kann man schnell mit ihnen warm werden.

Und zu guter Letzt: Hamburg liegt genauso wenig am Meer wie München in den Alpen. Hamburg liegt an der Elbe, deren Haupt- und Nebenarm den Tidehafen der Stadt bilden. Am 7. Mai ist Hafengeburtstag. Und der wird jedes Jahr gebührend gefeiert. Denn dem **Hafen** verdankt Hamburg viel. Etwa seinen Titel ›Tor zur Welt‹. Um die Wende vom 19. zum 20. Jh. starteten hier Millionen Menschen in der Hoffnung auf ein neues, besseres

Leben nach Übersee. Wichtiger noch: Der Hafen erst machte Hamburg zur *wohlhabenden Stadt*. Mit dem Im- und Export und dem zollfreien Warenumschlag im Freihafen haben sich die ›Pfeffersäcke‹, wie die hanseatischen Gewürzhändler spöttisch genannt wurden, ihren Reichtum und damit ihren Namen verdient.

Hamburg ist nicht nur das ›Tor *zur* Welt‹, die Stadt ist auch ein ›Tor *der* Welt‹. Einwanderung hat in der Hansestadt Tradition und wird gern als Grund für die *Weltoffenheit* der Hamburger angeführt. Bereits im 16. Jh. flohen viele protestantische Holländer vor den Religionskriegen nach Hamburg, das ihnen Glaubensfreiheit versprach. Es folgten portugiesische Juden und französische Adlige. Jede dieser Gruppen hat zur Entwicklung Hamburgs zu einer Kaufmannsstadt ersten Ranges beigetragen. Heute leben in Hamburg rund 260 000 Ausländer, die sich auf alle sozialen Schichten verteilen.

Kühler Norden, sinnlicher Süden

Die *Internationalität* zeigt sich auch im Stadtbild. Der **Rathausmarkt** etwa hat italienisches Flair. Nicht nur wegen der vielen Fleete und Brücken: Der Architekt und Stadtplaner Alexis de Chateauneuf hat die Alsterarkaden entlang der Kleinen Alster der Bebauung des Markusplatzes in Venedig nachempfunden. Westlich schließt sich der Bereich zwischen **Jungfernstieg** und **Gänsemarkt** an, in dem sich Europas größtes Areal mit Einkaufspassagen befindet. Auf dem Jungfernstieg, Hamburgs elegantester Flaniermei-

le, lautet das Motto heute wie vor 100 Jahren: *Sehen und gesehen werden*. Vom Anleger Jungfernstieg starten zahlreiche Alster- und Fleetfahrten. Und nicht nur Touristen, auch viele Hamburger zieht es unter den ›gläsernen Himmel‹ – in eine der edlen Passagen. Auf der östlichen Seite der Binnenalster verläuft die **Mönckebergstraße**, der um die Wende zum 20. Jh. angelegte Einkaufsboulevard, gesäumt von stattlichen Kontorhäusern. Zwischen ihr und dem Ballindamm erstreckt sich die *Europa-Passage*, ein Shopping-Center der Superlative.

Am östlichen Ende der ›Mö‹ lassen sich vom Hauptbahnhof aus zahlreiche Hamburger Museen bequem zu Fuß erreichen: Die **Deichtorhallen**, in denen wechselnde Ausstellungen moderner Kunst gezeigt werden, das **Museum für Kunst und Gewerbe**, Hamburgs vielfältigstes Museum mit einer der größten Jugendstilsammlungen der Welt, und die renommierte **Kunsthalle** mit der **Galerie der Gegenwart**, deren Schwerpunkte die Malerei des 19. und die Kunst des 20. Jh. bilden.

Das alte Hamburg erschließt sich dem Besucher südlich der City. Um den **Domplatz** und die **Trostbrücke** zeugen historische Kontorhäuser von der Geschichte Hamburgs als reicher Kaufmannsstadt. In der **Deichstraße** ist das einzige Ensemble Alt-Hamburger Kaufmannshäuser aus dem 17. bis 19. Jh. erhalten. Eine besondere historische Bedeutung hat die Deichstraße auch deshalb, weil hier 1842 der *Große Brand* ausbrach, der große Teile der Altstadt in Schutt und Asche legte. In vielen der Deichstraßenhäuser sind heute gemütliche historische Kneipen und Restaurants untergebracht. Nur wenige Gehminuten von der Deichstraße entfernt liegt die **Hafenkante**. Hier findet sich all das, was einfach jeder mit Hamburg verbindet: die **Speicherstadt**, der größte zusammenhängende Lagerhauskomplex der Welt, oder die Landungsbrücken, über denen immer noch ein Hauch von Fernweh schwebt – auch wenn hier nur noch Barkassen zur Hafen-

Oben: *Alt-Hamburgs edle Seite – beleuchtete Alsterarkaden mit Restaurant Friesenkeller*
Mitte: *Gewagt – kühne Architektur kennzeichnet den Zentralen Omnibusbahnhof*
Unten: *Befuhren einst die sieben Weltmeere – Galionsfiguren im Altonaer Museum*
Links: *An den Landungsbrücken warten Hamburger und Gäste auf die Hafenfähre*

schönsten Barockkirchen Norddeutschlands und Wahrzeichen Hamburgs. Gleich daneben befinden sich die Krameramtsstuben, in denen man einen Eindruck von den Wohnbedingungen des 17. Jh. erhält.

Vor den Toren Hamburgs lagen einst die Stadtteile **St. Georg** und **St. Pauli**. In das heute teils anrüchige, teils liebenswerte St. Georg verbannte die Hansestadt im Mittelalter die Leprakranken. St. Pauli, ein altes Handwerkerviertel, ist seit langem über die Grenzen Hamburgs als das *Amüsierviertel* schlechthin bekannt. Reeperbahn und Große Freiheit – Namen, die vor allem an das Geschäft mit dem Sex denken lassen. Doch St. Pauli ist heute mehr: Neue und interessante Theater, sympathische Bars und Restaurants haben den Stadtteil zu einem attraktiven Szene-Treffpunkt gemacht.

Ebenso beliebt ist das **Schanzenviertel**, tagsüber genauso wie abends. Es liegt nördlich von St. Pauli im Dreieck von Max-Brauer-Allee, Stresemannstraße und der S-Bahn-Station Sternschanze. Viele kleine Geschäfte und Boutiquen sowie unzählige Cafés, Bars und Restaurants zeichnen das quirlige Quartier aus.

Altona war noch bis 1937 eine selbstständige Stadt. Im Zweiten Weltkrieg zerstörten alliierte Bomber große Teile Hamburgs; auch Altona wurde schwer verwüstet. Das **Altonaer Rathaus** oder die klassizistische Prachtstraße **Palmaille** vermitteln noch einen Eindruck von Altonas einstigem Charme.

Das vornehme Hamburg findet sich nicht nur – wie viele glauben – entlang der Elbe, sondern erstreckt sich auch östlich und westlich der **Außenalster** auf dem Gebiet des einstigen Klosters Harvestehude und im Bereich der ehemaligen Dörfer **Uhlenhorst** und **Winterhude**. Westlich stehen die **Villen** der wohlhabenden Hamburger Bürger, die aus der Enge der Stadt geflüchtet waren. Nach dem Zweiten Weltkrieg zogen in diese Prachtbauten u. a. das US-Konsulat,

rundfahrt und längst keine Schiffe nach Übersee mehr ablegen.

Aber die Stadt lebt – und südlich der Speicherstadt entstand die **HafenCity**, das größte innerstädtische Wohnungsbauprojekt Europas. Spektakuläres Aushängeschild ist die Elbphilharmonie am Sandtorhafen. Es wird zwar noch einige Jahre bis zu ihrer Vollendung dauern, doch schon jetzt bietet der hoch aufragende Bau einen weithin sichtbaren Blickfang am Wasser.

Ein weiteres ›Muss‹ im Pflichtprogramm eines jeden Hamburg-Besuchers ist der Fischmarkt – für Frühaufsteher ebenso geeignet wie für Nachtschwärmer. Nördlich der Hafenkante liegt die **Hamburger Neustadt** mit dem historischen Bäckerbreitergang, dem Museum für Hamburgische Geschichte und dem ›Michel‹, eigentlich St. Michaelis, eine der

Links oben: *Man kann sie lieben oder hassen, die Reeperbahn gehört zu Hamburg*
Links Mitte: *An der Hafenstraße in St. Pauli genießt man den nächtlichen St. Pauli Beach*
Links unten: *Labskaus und Bier – in Hamburgs Kneipen werden auch Seebären satt*
Rechts oben: *Auch das ist Hamburg: Grünes Idyll in Winterhude im Stadtpark*
Rechts: *Blick aus der Galerie der Gegenwart auf den Altbau der Hamburger Kunsthalle*

die Akademie für Publizistik und die Hochschule für Musik und Theater.

Großstädtisch verdichtet zeigen sich indes das Viertel **Rotherbaum**, das bis zu den Zeiten des NS-Regimes Zentrum des jüdischen Lebens war, sowie **Eppendorf**, ein begehrtes Wohnviertel mit zahlreichen Jugendstilhäusern.

Auf der östlichen Alsterseite lädt etwas abseits vom Ufer das **Museum der Arbeit** zu kulturellen Veranstaltungen ein, und man findet Kulturzentren wie die ehem. Fabrik **Kampnagel**. Im Norden liegen der **Stadtpark** mit dem Planetarium, der **Ohlsdorfer Friedhof**, der größte Parkfriedhof der Welt, oder der sich bis nach Schleswig-Holstein erstreckende **Alsterwanderweg**, die zu ausgedehnten Spaziergängen einladen.

Bekanntester Wohnort der Reichen ist **Blankenese**. Einige seiner Kleinode wie das Witthüs im **Hirschpark** oder das in einer Avantgardevilla untergebrachte **Puppenmuseum Falkenstein** können besichtigt werden, sucht man Erholung in den Elbeparks. An Arbeit erinnert hier nur der Blick auf das gegenüberliegende Ufer der Norderelbe mit dem modernen Containerhafen Waltershof.

Wer nach Hamburg reist, sollte einen Ausflug in das **Alte Land** südwestlich der Elbe oder die **Vier-** und **Marschlande** im Südosten der Stadt nicht versäumen. Hier wird nicht nur Obst angebaut, hier wächst auch das Gemüse, das frisch auf die Hamburger Wochenmärkte kommt.

Verführerische Vorfreude

Hamburg hat viele Fassaden. Manchmal gibt sich die Hansestadt als *kühle Aristo-*

kratin, deren Sprödheit sich in zweckmäßiger Architektur widerspiegelt. Dann wieder ist sie ausgelassen-überschäumende Metropole, ewig schwankend zwischen Gosse und Glamour – Hamburg, *die junge Wilde*. Eine Ecke weiter ist alles wieder anders. Da präsentiert sich die **Elb-Schönheit** mit *Grandezza* und macht rund um die Alsterarkaden dem Markusplatz in Venedig südländisch-sinnliche Konkurrenz. Hamburg – das sind auch die verführerische Vorfreude auf die Nordsee, der derbe Duft von Teer und Fisch, und nicht zuletzt das optische Kuddelmuddel aus gewaltigen Kränen.

Geschichte, Kunst, Kultur im Überblick
Bischofssitz und Bürgerstolz, Handelsmetropole und Welthafen an der Elbe

ca. 1. Jh. v. Chr.–6. Jh. n. Chr. Von Westen her besiedeln Sachsen das heutige Norddeutschland.

810 In langen Kämpfen besiegt Frankenkönig Karl der Große mithilfe slawischer Stämme die an der Nordelbe lebenden Sachsen. Er betreibt die Christianisierung der neueroberten Gebiete. Zur Sicherung seiner Herrschaft lässt er bei dem sächsischen Dorf Hamm, vermutlich südlich der heutigen Hauptkirche St. Petri, die wallumgebene Hammaburg errichten.

831 Kaiser Ludwig der Fromme gründet das Bistum Hamburg, benannt nach der Hammaburg. Erster Bischof wird Benediktinermönch Ansgar von Bremen, der von der Hammaburg aus die Gebiete nördlich der Elbe missionieren soll. Es entsteht eine erste Marienkirche aus Holz.

832 Unter Papst Gregor IV. wird Hamburg Erzbistum.

10. Jh. Mehrfach wird der Ort Hamburg von Slawen und Dänen überfallen und völlig zerstört.

1037 Neubau der Marienkirche, des späteren Doms, erstmals aus Stein.

Graf Adolf III. von Schauenburg, Gründer von Hamburg

1186/87 Graf Adolf III. von Schauenburg, der weltliche Herr über Hamburg, lässt westlich des Doms nahe des heutigen St. Nikolai-Turms eine neue Burg errichten und fördert die Ansiedlung von Kaufleuten ringsum.

7. Mai 1189 Kaiser Friedrich I. (Barbarossa) bestätigt Hamburg angeblich in einer Urkunde Privilegien wie Zollfreiheit für Handel und Schifffahrt in der Nordsee. Obwohl sich dieses Dokument als Fälschung heraus-

stellt, bleiben die darin genannten Rechte bestehen. Noch heute wird am 7. Mai der Hamburger Hafengeburtstag gefeiert.

1201 Herzog Waldemar II., der nachmalige König von Dänemark, überfällt Hamburg. Die Stadt bleibt bis 1227 unter dänischer Herrschaft.

1216 Erstmals bilden angesehene Hamburger Bürger einen ›Rath‹, Vorläufer des Hamburger Senats.

1227 Mehrere vereinte norddeutsche Heere besiegen in der Schlacht bei Bornhöved die Dänen, die in der Folge weite Gebiete südlich der Eider, darunter auch Hamburg, verlieren.

1230 Für eine Getreidemühle wird das Flüsschen Alster gestaut, Binnen- und Außenalster entstehen.

1241 Hamburg und Lübeck verbünden sich, um die Handelsroute zwischen beiden Hafenstädten zu sichern. Händler beider Städte gehören dem Kaufmannsbund der Hanse an, aus dem sich bald der gleichnamige Städtebund entwickelt.

1300 In Hamburg leben rund 5000 Menschen. Ein Rat aus angesehenen Hamburger Bürgern bestimmt die Geschicke der Stadt.

1335 Ein lange schwelender Konflikt über Steuerfragen zwischen dem Domkapitel und der Bürgerschaft von Hamburg führt zu gewaltsamen Ausschreitungen. Erst als die bislang steuerbefreiten Domherren einen Teil der Grundsteuer zahlen müssen, wird der Friede wieder hergestellt.

Seeschlacht vor Helgoland, bei der die Hanse 1401 den Pirat Klaus Störtebeker fängt

1712–14 wütet eine letzte große Pestepidemie in Hamburg (Kupferstich eines Pesthospitals, 1758, C. Fritzsch)

14. Jh. Die Piraterie in Ost- und Nordsee wird zum Problem für die Hanse. Die oft mit dänischen Kaperbriefen ausgestatteten Vitalienbrüder oder Likedeeler (›Gleichteiler‹) greifen bevorzugt reich beladene Hansekoggen an. Um die Seeräuber zu bekämpfen, rüsten Hamburg und Bremen um das Jahr 1400 Kriegsschiffe aus.

1401 In einer Seeschlacht vor Helgoland nimmt die Hanse den Seeräuber Klaus Störtebeker gefangen. Er wird mit 73 seiner Männer in Hamburg auf dem Grasbrook hingerichtet. Nach seinem und dem Tod weiterer Anführer der Vitalienbrüder sind die Piraten in Nord- und Ostsee besiegt, aber um Störtebeker entsteht ein Heldenmythos.

1492 In Spanien und Portugal vertreiben die katholischen Könige fast die gesamte jüdische Bevölkerung. Viele dieser Sepharden lassen sich in Hamburg nieder. Eine zweite Flüchtlingswelle folgt 1531. Die Einwanderer beflügeln die Wirtschaft der Hansestadt.

1510 Der Reichstag bestätigt Hamburg als reichsfreie Stadt, die nur dem deutschen Kaiser unterstellt ist.

1529 Der Hamburger Senat führt in der Hansestadt die Reformation ein.

um 1535 Im Westen Hamburgs entsteht in der Vogtei Ottensen die eigenständige Siedlung Altona.

1558 Die erste deutsche Börse eröffnet in Hamburg.

1568–1648 Im Achtzigjährigen Krieg erkämpfen die Niederlande ihre Unabhängigkeit von Spanien. Viele Holländer, oft Tuchmacher, fliehen nach Hamburg. Sie verfügen über wichtige Handelsbeziehungen und fördern ihre neue Heimat.

1600 Hamburg zählt rund 30 000 Einwohner.

1619 Gründung der Hamburger Bank, einer Girobank für bargeldlose Geschäfte unter Kaufleuten.

1611 In Altona gilt allgemeine Religions- und Gewerbefreiheit. Das nutzen u.a. die Reepschläger (Seilmacher), die 1626 im Stadtteil St. Pauli ihre Halle zum Drehen der Seile einrichten, die sog. Reeperbahn.

1616–1626 Bau eines Festungswerkes um Hamburg aus neun Meter hohen Mauern und 21 Bastionen. Es schützt die Stadt in den kommenden Jahrhunderten, auch im Dreißigjährigen Krieges (1618–1648).

1640 Altona fällt als Erbe an das Herzogtum Holstein und damit an Dänemark.

1644 Erstmals laufen von Hamburg Walfangschiffe zur so genannten Grönlandfahrt aus. Hamburg wird das Zentrum des deutschen Walfangs, der bis ins 19. Jh. betrieben wird.

1664 Der dänische König Frederik III. ernennt Altona in Konkurrenz zu Hamburg zur Stadt.

1678 Die erste bürgerliche Oper Deutschlands wird in Hamburg eröffnet.

1700 In Hamburg leben rund 60 000 Menschen.

1712 Die Pest sucht die Stadt zum letzten Mal heim. Bis Februar 1714 sterben rund 10 000 Hamburger.

1721 Der Rat wählt den Komponisten Georg Philipp Telemann zum städtischen Musikdirektor und Kantor am Johanneum.

1767 Der Dichter Gotthold Ephraim Lessing wird Dramaturg des neugegründeten Deutschen Nationaltheaters in Hamburg. Uraufführung seiner Komödie ›Minna von Barnhelm‹.

1768 Im sog. Gottorper Vergleich verzichtet Dänemark endgültig auf alle Ansprüche auf Hamburg, das als von Holstein unabhängige ›Kaiserlich Freye Reichsstadt‹ anerkannt wird Im Gegenzug gewährt die Hansestadt Dänemark und dem Herzogtum Holstein-Gottorp einen enormen Schuldenerlass.

1770 Der Journalist und Dichter Matthias Claudius wird Redakteur beim ›Wandsbekischen Merkur‹, benennt die Zeitung in ›Wandsbeker Bote‹ um und macht sie zu einer der wichtigsten Publikationen in Deutschland.

1800 In Hamburg leben rund 130 000 Menschen.

1805 Der baufällige Mariendom wird abgebrochen. Erst 1893 wird ein gleichnamiges Gotteshaus im Stadtteil St. Georg neu erbaut.

1806 Am 19. November besetzen Napoleons Truppen das neutrale Hamburg. Die ›Franzosenzeit‹ ruiniert die Hafenstadt fast, bis die Besatzer nach einer Belagerung durch Alliierte am 30. Mai 1814 abziehen.

1809 Der Komponist Felix Mendelssohn-Bartholdy (†1847) wird in Hamburg geboren.

1814–1819 Der Dichter Heinrich Heine macht in Hamburg bei seinem Onkel eine Kaufmannslehre.

1815 Der Wiener Kongress zur Neuordnung Europas nach dem Sieg über Napoleon bestätigt und sichert Hamburgs Status als souveräner Staat innerhalb des Deutschen Bundes.

1816 Ankunft des ersten Dampfschiffes (aus England) im Hamburger Hafen.

1819 Hamburg nennt sich nun ›Freye und Hansestadt‹. Dank des Überseehandels floriert die Stadt.

ab 1820 Hamburgs Befestigungen werden abgetragen und durch Grünanlagen ersetzt, darunter die bis heute erhaltenen Große und Kleine Wallanlagen, der Alte Botanische Garten sowie Planten un Blomen.

1833 Der Musiker Johannes Brahms (†1897) wird in Hamburg geboren.

1842 Am 5. Mai bricht in der Deichstraße der Große Brand aus. Das Feuer wütet drei Tage und zerstört weite Teile der Innenstadt.

1847 Hamburger Kaufleute und Reeder gründen die Hamburg-Amerikanische Packetfahrt-Actien-Gesellschaft (HAPAG). Hauptsächlich transportierte sie Passagiere, meist Auswanderer, auf der Transatlantik-Route in die USA.

Ab 1909 gestaltet Baudirektor Fritz Schumacher Hamburg

1850 Hamburg wird der nach Bremen wichtigste deutsche Auswandererhafen. In den nächsten 80 Jahren wandern über Hamburg rund 5 Mio. Menschen nach Übersee aus, europaweit sind es 50 Mio.

1860 Nach einer reformierten Verfassung wählt künftig die Bürgerschaft den Hamburger Senat.

1866 Nach dem Deutsch-Dänischen Krieg (1864) und dem Österreichisch-Preußischen Krieg fällt u.a. Altona an das Königreich Preußen.

1867 Hamburg tritt dem Norddeutschen Bund bei und verzichtet für die wirtschaftlich wichtige Garantie eines Freihafengebiets weitgehend auf seine staatliche Autonomie.

1871 Hamburg wird zollrechtlich vorerst noch unabhängiger Stadtstaat im Deutschen Reich.

1872 Die Freihafenelbbrücke wird für den Eisenbahnverkehr geöffnet.

1884 Am Hamburger Hafen wird das erste Kontorhaus nach Londoner Vorbild erbaut.

1888 Die Stadt Hamburg gehört nun zum Zollgebiet des Deutschen Reiches und wird dessen größter Hafen. Allerdings bleibt ein innenstadtnaher Freihafen, als dessen erster Bauabschnitt die Speicherstadt entsteht.

1891 Hans Albers (†1960), Schauspieler und Sänger, wird im Hamburger Stadtteil St. Georg geboren.

1887 Gegen den Widerstand der Fährschiffer, die um ihr Geschäft fürchten, wird die erste Brücke Hamburgs über die Elbe hinweg eröffnet. Sie verbindet Harburg mit der Innenstadt.

1892 In den Gängevierteln zwischen St. Michaelis und St. Jacobi bricht eine Choleraepidemie aus. Danach werden die engen Gängeviertel der Innenstadt abgerissen.

1909 Architekt Fritz Schumacher wird Baudirektor in Hamburg und prägt das Stadtbild maßgeblich.

1912 Am 23. Mai läuft in Hamburg die ›Imperator‹, das damals größte Schiff der Welt, vom Stapel. Es gehört der HAPAG, der nunmehr größten Reederei der Welt. Hamburg ist der weltweit drittgrößte Hafen.

1913 Die Freie und Hansestadt verzeichnet mehr als eine Million Einwohner.

1914–1918 Der Erste Weltkrieg bringt wirtschaftlichen Abschwung.

1919 Erstmals wird die Hamburger Bürgerschaft demokratisch gewählt. – Gründung der Hamburger Universität. – Hamburg muss nach dem Ersten Weltkrieg aufgrund des Versailler Ver-

Ab 1850 wird Hamburg für Millionen Auswanderer das ›Tor zur Welt‹ (Bild von 1874)

trags den größten Teil seiner Handelsflotte abliefern.

1923 Wirtschaftskrise, Inflation und hohe Arbeitslosenzahlen treiben weite Teile der Bevölkerung in Armut und Verzweiflung. Der spätere KPD-Vorsitzende Ernst Thälmann organisiert den Hamburger Aufstand, den Polizei und Armee innerhalb von zwei Tagen niederschlagen. Mehr als 100 Menschen sterben.

1933 Bei den Bürgerschaftswahlen im März werden die Nationalsozialisten stärkste Fraktion. Im Mai wird ein Reichsstatthalter ernannt, im Oktober die Bürgerschaft aufgelöst. Hamburg darf sich nicht mehr ›frei‹ nennen.

1937 Altona, Wandsbek, Harburg und Wilhelmsburg kommen per Gesetz zur Hansestadt. Der alte Hamburger Besitz Cuxhaven geht an die Provinz Hannover.

1938 Im Südosten Hamburgs wird das Konzentrationslager Neuengamme errichtet. Bis Mai 1945 werden hier rund 100 000 Menschen interniert, von denen mehr als die Hälfte getötet wird.

1939 – 1945 Der Zweite Weltkrieg ruiniert die Stadt. 1943 zerstören britische und amerikanische Kampfflieger in der ›Aktion Gomorrah‹ weite Teile des Hamburger Ostens. Den Bomben fallen 35 000 Menschen zum Opfer. Hamburg kapituliert am 3. Mai 1945 und wird von den Briten besetzt.

1946 Gründung der liberalen Wochenzeitung ›Die Zeit‹ in Hamburg. Auch der Axel Springer Verlag errichtet hier sein Stammhaus.

1949 Hamburg wird selbstständiges deutsches Bundesland.

1952 Die Bürgerschaft beschließt die bis heute gültige Verfassung der Freien und Hansestadt Hamburg.

Ein Hamburger Jung – Hans Albers, der ›Blonde Hans‹

1955 Gustaf Gründgens übernimmt die Intendanz im Deutschen Schauspielhaus.

1956 Die Landesrundfunkanstalt Norddeutscher Rundfunk (NDR) strahlt ihre erste Fernsehsendung aus.

1960 Die Beatles gastieren zum ersten Mal in Hamburg, im Club Indra.

1962 Am 16./17. Februar erlebt Hamburg eine verheerende Sturmflut. 315 Menschen sterben, 20 000 werden evakuiert. – Im Oktober löst die ›Spiegel‹-Affäre um Herausgeber Rudolf Augstein und Verteidigungsminister Franz-Josef Strauß eine Krise der Regierung Adenauer aus. Strauß muss letztlich zurücktreten.

1964 Hamburg hat 1,9 Mio. Einwohner.

1967 Baubeginn des Elbtunnels und Ausbau Hamburgs zum Containerhafen.

1968 Das erste Vollcontainerschiff legt am Burchard-

kai an. Der Hafenbetrieb verlagert sich zunehmend ins Gebiet südlich der Elbe.

1972 Uwe Seeler, Hamburger Fußballidol als Mittelstürmer des HSV und der Nationalmannschaft, beendet seine einzigartige Karriere.

1995 Die Hansestadt wird Sitz des neuen Erzbistums Hamburg, das auch Schleswig-Holstein und Mecklenburg-Vorpommern umfasst.

1997 Der Senat beschließt den Um- und Ausbau des einstigen innerstädtischen Hafenareals südlich vom Zollkanal zum neuen Stadtteil HafenCity.

2001 Die CDU stellt erstmalig seit 1946 den Ersten Bürgermeister: Ole v. Beust.

2007–2013 Internationale Bauausstellung (IBA) in Hamburg. Auf den Elbinseln, in Wilhelmsburg, Veddel und am Harburger Binnenhafen, entstehen Wohn- und Gewerbebauten, Energieprojekte und Parkanlagen.

2008 Die Wahlen zur Hamburgischen Bürgerschaft enden mit der deutschlandweit ersten schwarz-grünen Koalition auf Landesebene. Sie zerbricht nach einem Volksentscheid gegen eine umfassende Schulreform.

2011 Bei den Neuwahlen zur Hamburger Bürgerschaft erringt die SPD die absolute Mehrheit. Olaf Scholz wird Erster Bürgermeister.

2013 Der Hamburger Freihafen wird nach 124 Jahren aufgelöst.

Im Jahr 2008 beginnen am Jungfernstieg die Arbeiten für die neue U-Bahn-Linie 4

Begrüßung der unter vollen Segeln einlaufenden ›Sea Cloud‹ an den Hamburger Landungsbrücken

Unterwegs

Das Zentrum rund um den Rathausmarkt: ein Hauch von Venedig

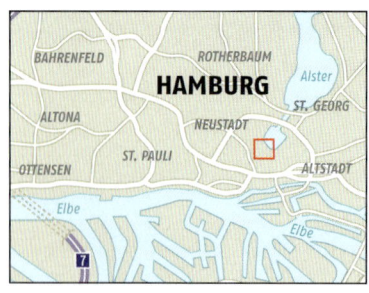

Der **Rathausmarkt** ist der zentrale Platz Hamburgs – und ein würdiges Aushängeschild der alten Hansestadt. Seine beeindruckende Gestaltung entstand im 19.Jh. komplett am Reißbrett. So bilden die Freitreppe zur **Kleinen Alster**, die **Alsterarkaden**, die **Schleusenbrücke** und das **Rathaus** sowie all die anderen repräsentativen Gebäude im Stil des Neoklassizismus und der Neorenaissance ein stimmiges Gesamtbild.

Im Sommer beleben Open-Air-Konzerte oder kleinere Volksfeste den Markt und verwandeln ihn in eine Flaniermeile für die Hamburger und ihre Gäste.

1 Rathausmarkt

Welthandel und Wohlstand – das Rathaus verkörpert die Macht der Freien Hansestadt

Raumschöpfung mit großer Geste, ganz auf das Rathaus ausgerichtet.

U 3 Rathaus, S 1, S 3, U 1 Jungfernstieg

Die städtebauliche Gestaltung des Rathausmarktes geht auf die Zeit nach dem großen Stadtbrand 1842 zurück. Gottfried Semper und Alexis de Chateauneuf konzipierten ihn nach dem Vorbild des Markusplatzes in Venedig. Schließlich sah sich die Hansestadt als legitime Nachfolgerin der mittelalterlichen Handelsmacht Venedig. Die Funktion des Dogenpalastes nimmt das 1897 vollendete Rathaus ein, die Alsterarkaden orientieren sich an der Randbebauung des Markusplatzes.

Zwischen all den Prachtbauten behauptet sich das betont schlicht gehaltene **Hamburger Ehrenmal**, die zentrale Gedenkstätte der Hansestadt für ihre Kriegsgefallenen. Die hoch aufragende Stele steht seit 1931 an der Wassertreppe zur Kleinen Alster und war zunächst nur den Toten des Ersten Weltkriegs geweiht. Klaus Hofmann verantwortete den architektonischen Entwurf, das Relief der ›Trauernden Mutter mit Kind‹ stammt von Ernst Barlach. Nicht der Heldentod für die Nation wird hier beschworen, stattdessen steht das Leid der Familien, die ihre Männer im Krieg verloren, im Vordergrund. So überrascht es nicht, dass die Nationalsozialisten das Relief nach ihrer Machtergreifung zwischenzeitlich durch einen Adler ersetzten.

2 Rathaus

Bürgerliche Tugenden thronen über deutschen Kaisern.

U 3 Rathaus, S 1, S 3, U 1 Jungfernstieg
Tel. 040/428 31 20 64 (Auskunft und Gruppenanmeldungen),
Tel. 040/ 428 31 24 70 (Bandansage),
www.hamburg. de,
Führungen (nur an veranstaltungs-
freien Tagen): Mo–Fr 10–15, Sa 10–17,
So 10–16 Uhr, halbstündlich

Mit dem Hamburger Rathaus schuf die Architektengemeinschaft um Martin Haller eines der bedeutendsten Bauwerke des Historismus in Deutschland. Besonders die Renaissance stand Pate für ihren Entwurf. Dieser Rückgriff auf die Architektur der stolzen italienischen Stadtstaaten unterstrich Wohlstand und Macht der Hansestadt. Dies zu betonen war der Bürgerschaft umso wichtiger, als Hamburg 1871 durch die Eingliederung ins Deutsche Reich seine Jahrhunderte alte Unabhängigkeit verloren hatte.

Den symmetrischen, aus Granit und Sandstein bestehenden Bau überragt ein 112 m hoher Mittelturm. Überwölbt wird das Rathaus von einem grünen Kupferdach. Bemerkenswert ist die Anordnung des Figurenschmucks: Statuen von 20 deutschen Kaisern und Königen stehen in den Nischen zwischen den Fenstern des Hauptgeschosses an der Rathausmarktseite. Über den Monarchen thronen am Turm Darstellungen bürgerlicher Tugenden wie Weisheit, Eintracht und Frömmigkeit. Deutlicher könnte man es nicht machen: Hamburg ist keine Kaiser-, sondern eine Hansestadt.

Inmitten des Innenhofs plätschert der **Hygieia-Brunnen** von 1895/96. Über einer ausladenden Brunnenschale steht die griechische Göttin der Gesundheit. Nach der verheerenden Cholera-Epidemie von 1892, der über 8000 Menschen zum Opfer gefallen waren, hatte die Stadt ihren Schutz wohl besonders nötig. Tatsächlich kam es danach zu keinem schweren Ausbruch mehr.

Hier geht es um Hamburg: Im Senatssaal des Rathauses wird Stadtstaat-Politik gemacht

Die 647 Räume des Rathauses sind wie die Repräsentationssäle und Treppenhäuser hanseatisch-gediegen eingerichtet. Im holzgetäfelten Plenarsaal tagt die **Hamburger Bürgerschaft**, das Landesparlament der Hansestadt. Seinen Zuschauerrang fassen Säulen mit geschnitzten korinthischen Kapitellen ein. Auch die Mitglieder des **Hamburger Senats**, der Landesregierung, gehen im Rathaus ihrer Arbeit nach. Das Zimmer des Ersten Bürgermeisters befindet sich in der Nordecke des Gebäudes.

Bei besonderen Anlässen versammelt sich das Establishment der Stadt im **Festsaal**, dessen Wände fünf Gemälde (1903–09) des Malers Hugo Vogel schmücken. Sie zeigen Hamburgs Aufstieg von der Urlandschaft über Besiedlung, Christianisierung, Mittelalter und Neuzeit. In diesen repräsentativen Rahmen lädt der Bürgermeister seit dem Jahr 1356 alljährlich am 24. Februar zur Matthiae-Mahlzeit ein.

3 Bucerius Kunst Forum

Die Kunstschau der Stiftung des Verlegers der ›Zeit‹.

Rathausmarkt 2
Tel. 040/360 99 60
www.buceriuskunstforum.de
tgl. 11–19, Do bis 21 Uhr
U 3 Rathaus

Neben dem Rathaus steht die ehemalige Reichsbank. Im Giebel des 1917 fertigge-

stellten, neoklassizistischen Baus stehen Skulpturen, die typische Hamburger Berufe vom Wasserträger bis zum Senator repräsentieren. Die einstige Kassenhalle und das Untergeschoss beherbergen das Bucerius Kunst Forum, in dem jährlich vier Wechselausstellungen mit Werken der Bildenden Kunst von der Antike bis zur Gegenwart gezeigt werden. Gefördert wird das Haus von der Stiftung des Zeit-Verlegers Gerd Bucerius (1906–1995).

4 Handelskammer

Hamburgs Handelskammer residiert in einem klassizistischen Prachtbau.

Adolphsplatz
Tel. 040/36 13 83 02
www.hk24.de
Mo–Do 9–17, Fr 9–16 Uhr
Audioguides sind beim Pförtner erhältlich. Gruppen auf Anmeldung
U 3 Rathaus

Schon architektonisch wird in Hamburg deutlich, dass Politik und Wirtschaft aufs Engste miteinander kooperieren: Der Sitz der Handelskammer, lange Jahre auch Heimat der Börse, schließt nämlich unmittelbar an das Rathaus an und begrenzt dessen Innenhof nach Westen. 1841, im Jahr vor dem Stadtbrand errichtet, entging es als einziges Gebäude am künftigen Rathausmarkt den Flammen. Carl Ludwig Wimmel zeichnete für das spätklassizistische Hauptgebäude verantwortlich, der Ostteil, über dem sich ein Uhrturm erhebt, kam erst 1912 hinzu.

Der Haupteingang der Handelskammer befindet sich am Adolphsplatz. Über dem Portal schütten zwei Frauengestalten ihre Füllhörner über den Eintretenden aus. Sie stehen für den Wohlstand, den Hamburg seinen umtriebigen Kaufleuten verdankt.

Kaufleute waren es auch, die im Jahr 1558 die Hamburger Börse gründeten. Damit ist sie die älteste Einrichtung dieser Art in Nordeuropa. Zunächst trafen sich die Börsianer auf einem eingezäunten Areal an der Trostbrücke, später wurde dort ein Handelssaal errichtet. Doch mit wachsendem Handelsvolumen wurde er zu klein, und so zog man 1841 in den heutigen Bau.

Fortan wurden die Wertpapiergeschäfte im Effektensaal abgewickelt. 2002 wurde der Präsenzhandel allerdings eingestellt, seither übernehmen Computer die Arbeit der Börsenbroker. Sehenswert ist die von umlaufenden Arkaden gerahmte, zweistöckige Halle dennoch, steht hier doch das *Haus im Haus*. Diese luftig-leichte Stahlkonstruktion bildet den extravaganten Rahmen für eine Schau zur Geschichte der Handelskammer Hamburg. Außerdem werden hier Preziosen aus der Commerzbibliothek

gezeigt, der ältesten Wirtschaftsbibliothek der Welt. Dort versammelten Hamburgs Kaufleute Schriften über Wirtschaftswissenschaften und die fernen Länder, mit denen sie Handel trieben. Zu den Ausstellungsstücken zählt auch die erste Karte der Elbe aus dem Jahr 1628.

5 Alsterarkaden

Ein Stück Venedig am Alsterfleet – hübsche Bogengänge mit Blick aufs Wasser und vornehme Geschäfte.

S 1, S 3, U 1 Jungfernstieg

Erst durch die Alsterarkaden gewinnt der Rathausmarkt seinen ganz besonderen Charme. Wie auf einer Perlenkette reihen sich die schlichten Häuser mit den weißen Putzfassaden und den vorgesetzten Bogengängen entlang der Kleinen Alster. Alexis de Chateauneuf entwarf 1842/43 dieses Ensemble als vornehme Ladenzeile. Am Warenangebot hat sich seit dieser Zeit nicht viel geändert: Hier kauft, wer es sich leisten kann, Schmuck und Mode, erlesenes Porzellan und köstliche Schokolade. Das Gewölbe der Mellin-Passage, die die Alsterarkaden mit dem Neuen Wall verbindet, ist mit zauberhaften Deckenmalereien im Jugendstil verziert.

Ganz in Weiß – die noblen Alsterarkaden verkörpern steingewordene hanseatische Tradition

Zwischen Jungfernstieg und Gänsemarkt: sehen und gesehen werden

Die Geschichte des Jungfernstiegs beginnt mit dem Damm, der im 13. Jh. das Flüsschen Alster staute. Um 1665 legten die Stadtväter auf dem Staudamm einen Spazierweg mit Bäumen an. Auf dieser **Promenade** präsentierten bald die honorigen Familien beim sonntäglichen Bummel ihre unverheirateten Töchter – woraus schnell der sprechende Name Jungfernstieg entstand. Im 19. Jh. säumten luxuriöse Hotels die Straße, die sie sich heute mit teils gründerzeitlichen, teils modernen Kontor- und Stadthäusern teilen. Um die Gunst der nach wie vor zahlreichen Flaneure werben hier Juweliere, exklusive Modehäuser und Schuhgeschäfte.

6 Jungfernstieg

Sehen und gesehen werden, promenieren und flanieren.

S 1, S 3, U 1 Jungfernstieg

Der Jungfernstieg ist eine der ersten Adressen der Hansestadt. Er begleitet das südliche Ufer der Binnenalster und wird auf der einen Seite von stattlichen Handelshäusern, repräsentativen Büros und Hotels gesäumt. Auf der anderen Seite öffnet sich der Jungfernstieg mit einer großzügigen Freitreppe zur Binnenalster. Hier legen die *Alsterschiffe* zu Fahrten durch die Fleete und Kanäle der Hansestadt ab. Abgerundet wird der ansprechende Gesamteindruck von der hoch aufschießenden Alsterfontäne inmitten der Binnenalster.

Am Anfang des Jungfernstiegs steht das **Gutruf-Haus** (Nr. 12), das letzte vor dem Ersten Weltkrieg begonnene und 1915 vollendete Kontorhaus in der City. Der sachlich-zurückhaltende Bau passt gut zum klaren Design der Apple-Produkte, die hier verkauft werden.

Vornehmstes Kaufhaus am Jungfernstieg ist das **Alsterhaus** (Nr. 15, www.alsterhaus.de) von 1912. Hinter seiner nüchternen, nur dezent mit Jugendstil-Elementen versehenen Fassade werden Designermode und Accessoires angeboten. Nur wenig weiter entstand schon

Bootsausflügler, Radfahrer, Spaziergänger – für alle ist der Jungfernstieg die ideale Bühne

1896–99 das **Haus Nr. 22**, in dem heute die Commerzbank eine Filiale unterhält. Es war als Luxushotel geplant. Martin Haller zeichnete für den Entwurf im Neorenaissancestil verantwortlich.

Jenseits der Einmündung der Großen Bleichen in den Jungfernstieg steht der

Hamburger Hof (Nr. 26, www.hhof-passage.de). Die Einkaufspassage durch den roten, 1881–83 als Hotel errichteten Sandsteinbau verbindet den Jungfernstieg mit der Poststraße. In der Weihnachtszeit beleuchtet ein lämpchengeschmückter Tannenbaum die Schaufensterauslagen.

Das 1903 errichtete **Heine-Haus** (Nr. 34) fällt wegen seiner schönen, aus großflächigen Fenstern bestehenden Jugendstilfassade auf. Sein Name geht auf das 1834 an dieser Stelle erbaute und im Jahr 1900 abgerissene Wohnhaus des Bankiers Salomon Heine – Onkel des Dichters Heinrich Heine – zurück.

Auch das vielleicht schönste Kino Hamburgs befindet sich am Jungfernstieg. Die Säle im **Streits-Haus** (Nr. 38, www.cinestar.de, Tel. 040/34 60 51) sind nostalgisch im Stil der 1950er-Jahre eingerichtet, die Lichtspieltechnik ist aber auf dem neuesten Stand der Technik.

Blickt man vom Jungfernstieg zum östlichen Binnenalsterufer, sieht man das **Ballin-Haus** (Ballindamm Nr. 25). Der Name erinnert an Albert Ballin (1857–1918), der die Reederei HAPAG in seiner Funktion als Generaldirektor zum größten Schifffahrtsunternehmen der Welt machte. Noch heute residiert die nun Hapag-Lloyd genannte Firma in dem prächtigen, von Martin Haller bis 1903 erbauten Neorenaissancehaus.

7 Alsterpavillon

Südliches Flair im hohen Norden.

Jungfernstieg 54
S 1, S 3, U 1 Jungfernstieg

Die verglaste, zur Binnenalster sanft gerundete Front des Alsterpavillons spiegelt die kühle Eleganz der Moderne. Er wurde nach der Zerstörung des Vorgängerbaus im Zweiten Weltkrieg 1952/53 von *Ferdinand Streb* aus Anlass der Internationalen Gartenbauausstellung erbaut. Von seiner Terrasse bietet sich ein prächtiger Blick auf die Binnenalster.

Der heutige Alsterpavillon ist bereits der sechste Pavillon, der hier seit 1799 errichtet wurde. Stets war er Anziehungspunkt für die Hamburger Gesellschaft. Einen besonderen Ruf hatte der Alsterpavillon in den 1930er- und 40er-Jahren, als man dort trotz staatlichen Verbots *Swingkonzerte* veranstaltete. Bei den Nazis galt die fröhliche Musik aus den USA als ›entartete Kunst‹.

Lichterglanz an der Binnenalster – dank des stimmsvoll beleuchteten Jungfernstiegs

8 Colonnaden

Die Privatstraße vornehmer Hamburger wurde zur Fußgängerzone.

U 2 Gänsemarkt

Die vornehme Gesellschaft Hamburgs zog ab 1850 in die Wohngebiete westlich der Alster. Um eine direkte Verbindung zwischen Jungfernstieg und Dammtor zu schaffen, legten Unternehmer 1876/77 eine Privatstraße an – die Colonnaden. Unter der Regie der Gebrüder Ernst und Adolf Wex wurden herrschaftliche Etagenwohnhäuser im Stil der Neorenaissance geschaffen, mit **Arkaden** an der Ostseite der Straße, die darüber mehr Wohnraum zuließen.

9 Neuer Jungfernstieg

Top-Adresse für Stars.

S 1, S 3, U 1 Jungfernstieg,
U 2 Gänsemarkt

Am Neuen Jungfernstieg, auf der Westseite der Binnenalster, steht das berühmte Luxushotel **Fairmont Vier Jahreszeiten** (Nr. 9–14). 1904 wurde das Gebäude von den Architekten *Freytag & Würzbach* errichtet und ist seitdem neben dem Kempinski Hotel Atlan-

TOP TIPP

Als feine Adresse empfiehlt sich das Fairmont Hotel Vier Jahreszeiten an der Binnenalster

tic die Top-Adresse für die Prominenz. Hier logierten Stars wie Liz Taylor, gekrönte Häupter wie Kaiser Wilhelm II. oder Künstler wie Herbert von Karajan.

In unmittelbarer Nähe residiert der vornehme Übersee-Club im klassizistischen **Amsinck-Palais** (Nr. 19). Einen besonderen Akzent in der strahlend weißen Fassade setzen die vergoldeten Geländer vor den Fenstern im ersten Stock. Gebaut wurde das Haus 1831–33 für den Bankier Gottlieb Jenisch von *Franz Gustav Forsmann*. 1899 erwarb es der Kaufmann Gustav Amsinck.

10 Gänsemarkt

Zentrum der Hamburger Neustadt.

U 2 Gänsemarkt

Büros, Geschäfte und Lokale rahmen den Gänsemarkt. Auffälligstes Bauwerk am Platz ist die **Finanzbehörde** (Nr. 36). Fritz Schumacher schuf diesen mächtigen Stahlbeton-Skelettbau 1918–26 im Stil eines Kontorhauses. Farbige *Reliefs* und *Skulpturen* mit Motiven aus der Schifffahrt schmücken die dunkelrote Klinkerfassade. Der Hamburger Künstler Richard Kuöhl gestaltete die *Keramikverkleidung* der Eingangshalle.

Dem hier einen Bogen beschreibenden Straßenverlauf folgt die Klinkerfront des **Deutschlandhauses** (Eckhaus Gänsemarkt 1/Valentinskamp 91).

An der Einmündung der Fußgängerzone Gerhofstraße in den Gänsemarkt erhebt sich das **Lessing-Denkmal** (1881, Friedrich Schaper). Der Dichter Gotthold Ephraim Lessing (1729–1781) war 1767–70 als Dramaturg am Deutschen Nationaltheater in der Hansestadt tätig. Unter anderem führte Lessing hier sein bürgerliches Lustspiel ›Minna von Barnhelm‹ zum ersten Mal auf.

An der Einmündung des Jungfernstiegs in den Gänsemarkt öffnet sich die Gänsemarktpassage (Nr. 50, www.gaen semarkt-passage.de). An Boutiquen, Cafés und Restaurants vorbei kann man durch sie zu den Colonnaden schlendern.

schäfte wie Tommy Hilfiger und adidas die Alte Post bezogen.

Aus der Gründerzeit stammt das **Australhaus** (Nr. 17–19), dessen Fassade eine grün-blau schimmernde Grès-flammé-*Keramikverkleidung* schmückt. Nur ein paar Schritte weiter steht das **Klopstockhaus** (Nr. 36). Vom Portal blickt eine Büste des Dichters *Friedrich Gottlieb Klopstock* (1724–1803) auf die Passanten herab. Der Schöpfer des ›Messias‹ lebte von 1774 bis zu seinem Tod 1803 in einem Vorgängerbau an dieser Stelle.

Die Poststraße mündet in die **Hohe Bleichen**. Mit der ABC-Straße sowie der Neuen ABC-Straße bildet diese enge, von

11 Poststraße

Gediegene Einkaufsstraße im Herzen Hamburgs.

U 2 Gänsemarkt, U 3 Rathaus

Schmucke Kontorhäuser, in denen elegante Geschäfte ihre Waren feilbieten, säumen die Poststraße. Ihren Namen verdankt sie der **Alten Post** (Nr. 9–11). Der helle Backsteinbau wurde 1845–47 von Alexis de Chateauneuf im Stil italienischer Renaissancepaläste entworfen. Ihr backsteinerne *Uhrturm* erinnert an einen Campanile und diente für einige Jahre als Zeigertelegraf für die optische Nachrichtenübermittlung nach Cuxhaven. Inzwischen haben Mode- und Sportartikelge

Weit mehr als genormte Einkaufswelten bieten die Shoppingtempel um den Gänsemarkt

Häusern aus der Zeit um 1900 gesäumte Straße das *Quartier Satin*. Diese scherzhafte Bezeichnung verdankt das Areal den hier ansässigen Edelboutiquen, Antiquitätengeschäften und Juwelieren. Trendsetter weit über Hamburg hinaus war übrigens das Haus ABC-Straße Nr. 50: Hier wurde bereits 1850 ein Laden mit einem Schaufenster eingerichtet.

12 Große Bleichen

Die größte Ansammlung von Einkaufsgalerien in Europa. Shopping ohne Regenschirm.

S 1, S 3, U 1 Jungfernstieg

Eine beliebte **Einkaufsstraße** sind die Großen Bleichen. Hier befinden sich die Eingänge zu mehreren Passagen, in denen man ganze Tage beim Shopping-Bummel verbringen könnte.

Stilprägend für Hamburgs Einkaufspassagen war das **Hanse-Viertel** (Große Bleichen 36, www.hanseviertel.de), zwischen 1976 und 1981 vom Architektenteam *Gerkan, Marg & Partner* im Kontorhaus-Stil angelegt. Hier treffen sich begüterte Hamburger zum Schampus- und Austernschlürfen. Die 200 m langen Gänge sind aus Backstein und mit *verglasten Tonnendächern* versehen; das größte hat einen Durchmesser von 14,4 m. In den braunroten Klinkerboden eingelassen sind bronzene Intarsien, die auf die Hanse-Vergangenheit hinweisen.

Grauer Granitboden mit Marmoreinlege-Arbeiten, Marmorpilaster und bemalter Stuck sorgen in der **Galleria Hamburg**

Ein Hauch von Süden im hohen Norden – dank des Campanile der Alten Post am Bleichenfleet

Cafés und Filialen der großen Modemarken säumen Hamburgs Gänsemarkt

(Große Bleichen 21, www.galleria-ham burg.de) für eine klassisch-kühle Atmo sphäre. In den rund 25 kleinen Läden der Passage kauft ein ebenso junges wie zahlungskräftiges Publikum ein.

Mindestens ebenso nobel ist der **Blei chenhof** (Bleichenbrücke 11, www.blei chenhof.com) am Ende der Großen Blei chen. Hinter seiner Backsteinfassade resi dieren teure Boutiquen und Antiqui tätengeschäfte.

Auch wenn die Passage **Kaufmanns haus** (Bleichenbrücke, www.kaufmanns haus.com), ein vor dem Ersten Weltkrieg errichtetes Kontorhaus, im Inneren schmucklos wirkt, so ist doch die Fassade aus weiß glasierten Ziegeln, geschmückt mit *Jugendstilornamenten*, sehenswert.

Gegenüber steht das Nobelhotel **Re naissance Hotel Hamburg**, ein dunkel rotes Backsteingebäude, das Fritz Höger 1926 entwarf. Nach dem Zweiten Welt krieg fand in dem stark zerstörten Haus der Journalist Kurt W. Marek (1915–1972) Unterschlupf. Als C. W. Ceram gab er 1949 seinen populärwissenschaftlichen Ar chäologie-Bestseller ›Götter, Gräber und Gelehrte‹ heraus.

13 Neuer Wall

Traditionsreiche Geschäfte in alten Kontorhäusern.

S 1, S 3, U 1 Jungfernstieg

Der Neue Wall ist weltweit bekannt als Hamburgs vornehmste Einkaufsmeile. In den Kontorhäusern befinden sich traditi onsreiche Geschäfte, Einrichtungshäuser sowie zahlreiche Flagshipstores interna tionaler Designer-Labels. So verbindet sich hier hanseatische Gediegenheit mit internationalem Flair zu einem stim migen Gesamteindruck.

Zu den altehrwürdigen Bekleidungs häusern am Neuen Wall zählt der Herren ausstatter *Ladage & Oelke* (Nr. 11), der schon seit 1845 feinste englische und hanseatische Kleidung anbietet. Das Fo yer des **Hildebrand-Hauses** (Nr. 18) von 1908 zieren Marmor- und Mosaikdekora tionen sowie Jugendstil-Lampen. Hier residiert mit Brahmfeld und Gutruf das älteste bestehende Juweliergeschäft Deutschlands.

Am Ende des Neuen Walls steht das **Görtz-Palais** (Nr. 86), eines der seltenen Barockhäuser Hamburgs. Es wurde 1710 für den holsteinisch-gottorpschen Ge sandten Georg Heinrich Freiherr von Schlitz, genannt von Görtz (1675–1719), errichtet. Die *Front* wird durch Mittel- und Seitenrisalite, durch Pilaster und dorische Säulen gegliedert. Vor dem Haus steht das bronzene **Petersen-Denkmal** von Viktor Tilgner aus dem Jahr 1897. Der Poli tiker und mehrfach wiedergewählte Bürgermeister Carl Friedrich Petersen (1806–1892) prägte die Politik der Hanse stadt in der zweiten Hälfte des 19. Jh. und entwarf die Verfassung von 1861.

Baulich verbunden ist das Görtz-Palais mit dem **Stadthaus**. Eine Gedenktafel am Eingang an der Stadthausbrücke weist darauf hin, dass hier von 1933–43 das Hauptquartier der Hamburger Gestapo untergebracht war.

Die Mönckebergstraße:
Einkaufsmeile zwischen Kontorhäusern

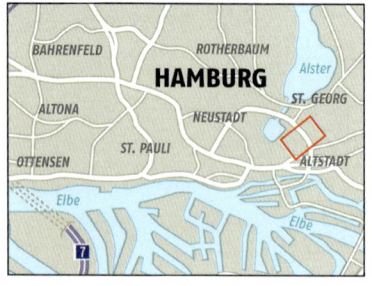

Die ›Mö‹, so nennen Hamburger Bürger liebevoll ihre Mönckebergstraße, die verkehrsberuhigte Einkaufsmeile zwischen Rathausmarkt und Hauptbahnhof. Wo heute die größten **Kaufhäuser** der Stadt mit ihren Auslagen täglich 250 000 Passanten locken, zählten noch Anfang des 20. Jh. die Hamburger Kaufleute ihr Geld: Prachtvolle **Kontorhäuser** säumen die leicht s-förmig geschwungene Straße. Benannt ist der Boulevard nach dem Hamburger Bürgermeister *Johann Georg Mönckeberg* (1839–1908). Kaum zu glauben, dass sich hier noch bis ins späte 19. Jh. ein mit Fachwerkhäusern eng bebautes **Gängeviertel** erstreckte. Nach der *Choleraepidemie* von 1892 und der Eröffnung des Hauptbahnhofes 1906 wurde das Quartier zum Sanierungsgebiet erklärt. Eine Kommission unter Hamburgs berühmtem Oberbaudirektor Fritz Schumacher setzte damals **städtebauliche Einheitlichkeit** in der Mönckebergstraße durch. Während des Zweiten Weltkrieges wurden viele Häuser in der Mönckebergstraße zerstört, und beim Wiederaufbau sowie bei späteren Erneuerungen sind manche Fassaden zeitgemäß gestaltet worden. Gleichwohl kann man sich anhand der noch erhaltenen **Backsteinbauten** ein Bild des ursprünglichen Pracht-Boulevards machen.

14 Mönckebergstraße

Reizvolle Gegensätze: Moderne Warenhäuser in traditionsreichen Kontorgebäuden.

U 3 Mönckebergstraße (Mitte)

Die Mönckebergstraße ist eine der belebtesten Einkaufsmeilen Hamburgs. Ihren Auftakt bildet, wenige Schritte vom Rathausmarkt entfernt, die Kirche St. Petri [Nr. 15]. Gleich darauf folgt das **Hulbe-Haus** (Nr. 21). Der Lederkunst-Meister Georg Hulbe ließ das kleine Gebäude im niederländischen *Renaissancestil* 1911 von Henry Grell errichten. Fortan betrieb er dort seinen Kunstgewerbehandel. Auf dem Dach blitzt eine vergoldete *Kogge*, also ein dickbauchiges Hanseschiff. Das Wahrzeichen Hamburgs war zugleich das Firmensignet Hulbes.

Gegenüber dem Hulbe-Haus befindet sich einer von mehreren Eingängen zur **Europa-Passage** (www.europa-passage. de). Hadi Teherani entwarf diese gewaltige, 2006 eröffnete Konsummaschine, mit deren Bau Hamburg einmal mehr seinen Ruf als ›Freie und Abriss-Stadt‹

bestätigte. Denn dem gigantischen Shopping-Center zwischen Binnenalster und Mönckebergstraße mussten ganze Straßenzüge weichen – die Paulstraße wurde gar vollständig in das Bauwerk integriert und ist aus dem Stadtplan verschwunden.

An der spitzen Ecke, in der die Spitalerstraße in die Mö mündet, errichteten Fritz Schumacher und Georg Wrba 1913–15 den Mönckebergbrunnen. Der Löwe auf der von zwei Liegefiguren flankierten Sandsteinstele über dem Wasserbassin erinnert an den Spitznamen Johann Georg Mönckebergs. Er erwarb ihn sich als kämpferischer Senator und Bürgermeister. Den dorischen Tempel dahinter bezog das **Elbphilharmonie Kulturcafé** (Barkhof 3, Tel. 040/3576 66 66 www.elb philharmonie.de/kulturcafe.de). Im Erdgeschoss kann man Tickets für Konzerte und andere Veranstaltungen erwerben, im Obergeschoss bei Kaffee und Muffins einkehren.

Das Doppel-Kontorhaus **Barkhof** von 1910 (Nr. 8–10) dahinter begleitet die Mönckebergstraße auf immerhin 170 m. Eine Ladenpassage führt durch das Haus hindurch zur Spitalerstraße, der ›kleinen Schwester der Mö‹.

Gegenüber steht das **Levantehaus** (www.levantehaus.com). Dort warten Cafés, Boutiquen und Restaurants auf Besucher. Im rückwärtigen Teil – zur Bugenhagenstraße hin – hat das Hyatt-Hotel sein Domizil. Das Gebäude hieß einst *Hubertushof* und war im Jahr 1912 vom Architekten Franz Bach als Kontorhaus errichtet worden. An der Fassade des benachbarten **Hammonia-Hauses** (Nr. 5, 1912/13) sind die Reliefs schottischer Männer zu erkennen.

Das Kontorgebäude **Südseehaus** (Nr. 6) wurde 1911/12 erbaut. Ein von korinthischen Säulen eingefasstes Portal im Stil des Neobarock ziert den roten Klinkerbau. Ihm gegenüber steht das **Klöpperhaus** (Nr. 3), das 1912/13 vom Architekten Fritz Höger für den Wollhändler Heinrich Adolf Klöpper entworfen wurde. Die *Backsteinfassade* ist durch Lisenen und nach außen gewölbte Fenstergruppen gegliedert. Am *Hauptportal* zur Straße Lange Mühren weisen Bronze-Schafe von August Gaul auf den Beruf des Bauherrn hin. Die spiegelnden Glasfassaden zweier großer Warenhäuser bilden schließlich den Abschluss der Mönckebergstraße zum Bahnhofsplatz.

15 St. Petri

Die älteste Kirche Hamburgs.

Mönckebergstraße
Tel. 040/325 74 00
www.sankt-petri.de
Mo/Di, Do/Fr 10–18.30, Mi 10–19,
Sa 10–17, So 9–20 Uhr
U 3 Rathaus

St. Petri wurde erstmals 1195 als Marktkirche urkundlich erwähnt. Anfang des 14. Jh. entstand ein dreischiffiger Backsteinhallenbau, der beim Großen Brand von 1842 jedoch vollständig zerstört wurde. Alexis de Chateauneuf und Hermann Peter Fersenfeldt bauten 1844–49 die evangelische Hauptkirche auf den alten Grundmauern im neogotischen Stil wieder auf. Weil sich im Protestantismus der Prediger stärker zur Kanzel als zum Altar hin ausrichtet, wurde bei der Erneuerung im 19. Jh. ein viertes Seitenschiff angebaut. Somit besitzt die Kirche einen beinahe quadratischen Grundriss. Der kupferverkleidete Turm wurde 1878 nach Plänen von Johann Maack vollendet.

Zahlreiche Ausstattungsstücke von St. Petri haben den Großen Brand sowie den Zweiten Weltkrieg glücklicherweise überstanden, darunter auch der bronze-

Die Kontorhäuser in der Mönckebergstraße zeichnen sich durch ihre Rasterfassaden aus

Bühne mit neoklassizistischer Tempelfront: das Thalia-Theater

ne Türzieher mit Löwenkopf am Hauptportal, der von 1342 stammt. Die Kanzel schmücken Alabasterfiguren vom alten Taufbecken, eine lebensgroße Sandsteinfigur der Madonna mit Kind (um 1470) gehörte ursprünglich zum Theobaldaltar. Das Votivbildnis des hl. Ansgar schuf der Hamburger Maler Hans Bornemann um

Gekonnt in Gold gefasst: Fein geschnitzter St.-Trinitatis-Altar in der Jacobi-Kirche

1460. Wie die mittelalterliche Kirche vor dem verheerenden Stadtbrand von 1842 aussah, zeigt ein Modell des Bauwerks im südlichen Seitenschiff.

16 Thalia Theater

Die Grande Dame unter Hamburgs Spielstätten.

Alstertor 2
Tel. 040/30 60 39 10
www.thalia-theater.de
April–Sept. Mo–Sa 10–17, Okt.–März
Mo–Sa 11–17, So während des Gottesdienstes 10–11.30 Uhr
U 3 Mönckebergstraße

Am Nordende des Gerhart-Hauptmann-Platzes ist das Thalia-Theater beheimatet. Neben Klassikern von William Shakespeare bis Bertolt Brecht führt das Haus viele zeitgenössische Stücke – u. a. von Elfriede Jelinek – auf und hat sich dadurch internationale Anerkennung verschafft. Das neoklassizistische Säulenportal des 1911/12 nach Entwürfen von Werner Lundt und Georg Kallmorgen errichteten Theatergebäudes verweist auf das Selbstverständnis der Bühne als Tempel der Musen. Im gleichen Gebäude bietet das französisch inspirierte Restaurant-Bistro Le Paquebot (Tel. 040/32 65 19, www.le-paquebot.de) eine exzellente Küche.

Den **Thalia-Hof** (Alstertor 1) gegenüber dem Theater entwarfen Hans und Oskar Gerson im Jahr 1922. Der Name weist auf das erste, 1843 an dieser Stelle errichtete Thalia-Theater hin. An der Hausecke erinnert eine *Pferdeskulptur* von Ludwig Kunstmann an die ursprüngliche Funktion des Platzes als Pferdemarkt.

17 St. Jacobi

In St. Jacobi befindet sich die größte erhaltene Barockorgel Nordeuropas.

Jakobikirchhof 22
Tel. 040/30 37 370
www.jacobus.de
April–Sept. Mo–Sa 10–17, Okt.–März
Mo–Sa 11–17, So während des Gottesdienstes 10–11.30 Uhr
U 3 Mönckebergstraße

Als sei er eine Mahnung an die allzu sehr am Gelderwerb interessierten Hanse-

Die Schnitger-Orgel in St. Jacobi ist eine der größten erhaltenen Barockorgeln Europas

aten, ragt der kupferverkleidete Turm von St. Jacobi hoch über die Kontorhäuser der Mönckebergstraße hinaus. St. Jacobi wird urkundlich erstmals 1255 erwähnt. Der heutige Nachfolgebau wurde um 1350 errichtet und im Laufe der Jahrhunderte immer wieder erweitert. Der Chor der gotischen dreischiffigen Backsteinhalle wurde 1493–1508 um eine Sakristei ergänzt. 1707–08 erhielt die Nordseite einen lang gestreckten Anbau, der heute als Gemeindehaus dient.

Alte Hamburg-Ansichten zeigen noch den hohen kuppelartigen Helm-Turm von 1588. Seine heutige Gestalt erhielt er beim Wiederaufbau nach den Zerstö-

rungen im Zweiten Weltkrieg: Hermann Hopp und Alfred Jäger entwarfen den extrem spitz zulaufenden Turmhelm, der von den Hamburgern den Spitznamen Bleistift verliehen bekam.

Der große norddeutsche Orgelbauer Arp Schnitger schuf die Barockorgel (Orgelführung mit Hörbeispielen Do 12 Uhr) im Jahr 1693. Der Klang ihrer 4000 Pfeifen, 60 Register und vier Manuale begeisterte 1720 auch Johann Sebastian Bach – seine Bewerbung als Organist an St. Jacobi zog er dennoch zurück.

Der Lukas-Altar im Südschiff wurde 1499 von der Hamburger Malergilde gestiftet und vereint sakrale Motive mit der

Darstellung des weltlichen Malerberufes. Den St.-Petri-Altar in der südlichen Apsis spendeten 1508 die Fischer, den St.-Trinitatis-Altar 1518 die Böttcher. Sandstein, Alabaster, Marmor und Blattgold verarbeitete 1610 der Hamburger Bildhauer Georg Baumann, als er die frühbarocke Kanzel schuf.

Zwei bedeutende Bilder schmücken außerdem das Innere der Kirche. Die ›Stadtansicht‹ von Joachim Luhn (1681) zeigt Hamburg von der Elbseite her. Markant erheben sich die Türme der Hauptkirchen über die von einer trutzigen Wallanlage geschützte Stadt. ›Der reiche Mann und der Tod‹ von David Kindt (1622) ist eine Allegorie auf die Vergänglichkeit allen Seins.

18 Chilehaus

Wie ein großes Schiff schneidet das mächtige Chilehaus mit seinem Bug in das umliegende Kontorhausviertel.

Pumpen/Burchardstraße
www.chilehaus.de
U 1 Meßberg

Das Chilehaus war das erste und ist nach wie vor das bekannteste Gebäude im **Kontorhausviertel** zwischen Steinstraße und Meßberg. Es gilt als die bedeutendste Schöpfung des Klinker-Expressionismus und wurde 1922–24 von Fritz Höger für den Kaufmann Henry Brarens Sloman erbaut. Seinen Namen verdankt das Chilehaus dem Land, in dem der Bauherr erfolgreich im Salpetergeschäft tätig war. Die Fassaden des Hauses laufen spitz zu einem monumentalen **Schiffsbug** zusammen. Als ›Flaggschiff in Backstein‹ sollte es den Aufschwung der hanseatischen Wirtschaft nach dem Ersten Weltkrieg zum Ausdruck bringen. Es lohnt sich, einen Blick in die Eingangshalle und die seitlichen Treppenhäuser mit dem Keramik-Wandschmuck von Richard Kuöhl zu werfen.

Zwei weitere Klinkerbauten fallen im Kontorhausviertel auf: Der **Sprinkenhof**, Burchardstraße 6–14, welcher in drei Abschnitten zwischen 1927 und 1943 von Fritz Höger sowie Hans und Oskar Gerson erbaut wurde, ist das größte Kontorhaus der Stadt. Die Fassade wird von einem wahren Netz filigranen Klinkerschmucks überzogen. Der **Meßberghof** (Meßberg 1) wurde 1923/24 ebenfalls von den Gerson-Brüdern errichtet. Das Gebäude hieß ursprünglich *Ballinhaus* – nach dem Bauherrn und Generaldirektor der Hamburg-Amerika-Linie HAPAG, Albert Ballin (1857–1918).

Architekt Fritz Höger gab dem Chilehaus die Kante – und machte es dadurch einzigartig

Die Museumsmeile: Kunst und Kommerz können miteinander

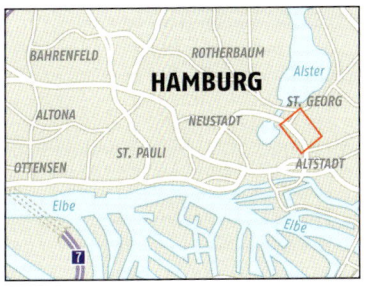

Kunstfans kommen in Hamburg voll auf ihre Kosten – ungeachtet des Vorurteils, dass die Hansestadt die Kunst zugunsten von Kommerz vernachlässige. Neben zahlreichen Ausstellungshallen, Konzert- und Theaterbühnen laden hier auch mehr als 50 städtische, staatliche und private Museen zu Entdeckungsreisen ein. Jährlich erkunden mehr als eine Million Touristen und Hanseaten Hamburgs vielfältige Museumslandschaft. Publikumsmagnet ist dabei die etwa 1,5 km lange **Museumsmeile** zwischen Deichtorhallen und Ferdinandstor, an der in international renommierten Häusern Kunst und Kultur vom Feinsten geboten wird.

19 Deichtorhallen

Die Kunst der Gegenwart und Fotografie seit dem 19. Jh.

Deichtorstraße 1–2
Tel. 040/32 10 30
www.deichtorhallen.de
Di–So 11–18, Do bis 21 Uhr
U- und S-Bahn Hauptbahnhof/
U 1 Steinstraße

In die Deichtorhallen kommt, wer hochkarätige Schauen zur zeitgenössischen Kunst sehen will. Die beiden Hallen wurden 1911–14 für den städtischen Gemüse- und Obstgroßmarkt errichtet und sind ein typisches Zeugnis der *Architektur der Moderne*, in der sich Ingenieurs- und Baukunst vereinten. Eisenwände mit Klinkerausfachungen stützen ihre großzügigen Dachwölbungen. Joseph Paul Kleihues gestaltete sie im Auftrag der Körber-Stiftung bis 1989 zum Ausstellungszentrum um. Seither finden in der Nordhalle, der *Halle für aktuelle Kunst*, wechselnde Ausstellungen zeitgenössischer Kunst statt – gezeigt wurden Werkschauen von Andreas Gursky, Antony Gormley und Gilbert & George.

Die Südhalle dagegen fungiert als *Haus der Photographie*. Im Mittelpunkt der Ausstellung stehen Werke des Modefotografen F.C. Gundlach, dessen klare Bildsprache für die 1950er- und 60er-Jahre prägend war. Seine Arbeiten ergänzen Shootings so renommierter Künstler wie Richard Avendon und David LaChapelle.

Außerdem spiegelt die Schau das Interesse Gundlachs für die Entwicklung der Fotografie zur eigenständigen Kunstform in der Zeit um 1900.

Auch die **Markthalle** (Klosterwall 9, www.markthalle-hamburg) jenseits des viel befahrenen Deichtorplatzes hat sich

Internationales Haus der Photographie in der schicken südlichen Deichtorhalle

vom Ort des Handels zur Kulturbühne gewandelt: Teils dient sie als Konzertbühne, teils beherbergt sie das Ausstellungszentrum des Kunstvereins.

20 Museum für Kunst und Gewerbe

Jugendstil ohne Ende, auch Kunst aus Asien und dem Orient kommt nicht zu kurz.

Steintorplatz 1
Tel. 040/428 13 48 80
www.mkg-hamburg.de
Di–So 10–18, Do 10–21 Uhr
U- und S-Bahn Hauptbahnhof

1877 gründete *Justus Brinckmann* das Museum für Kunst und Gewerbe, um den Hamburgern gelungenes zeitgenössisches Design aus aller Welt vorzustellen. Später wurde der Sammlungsauftrag deutlich erweitert, und so begegnet dem Besucher heute eine enzyklopädische Schau kunsthandwerklichen Schaffens der letzten 4000 Jahre. Zu sehen sind Holzskulpturen, Textilien, Arbeiten aus Bronze, Silber, Gold und Elfenbein, Möbel, Teppiche, Gläser, Fayencen und Majolika-Geschirr.

Im Erdgeschoss geht es zunächst um die **Antike**. Dabei werden die Ausstellungsstücke aus dem Alten Ägypten, dem Orient oder dem Römischen Imperi-

um stets nach ihrem Bezug zur Gegenwart befragt. Gebrauchsgegenstände machen mit dem Alltag in den jeweiligen Epochen vertraut. Unmittelbar an die Schau zur Antike schließt sich die **Renaissance-Sammlung** an. Diese räumliche Nähe soll verdeutlichen, wie viel die Kultur der frühen Neuzeit aus jener Zeit übernahm. Weitere Räume sind Barock, Klassizismus und Historismus gewidmet.

Die aus Hamburger und Lübecker Villen stammenden **Milde-Speckter-Räume** ermöglichen einen einmaligen Einblick in bürgerliche Wohnkultur in nachnapoleonischer Zeit. Ihre Wände zieren klassizistische Malereien, die von Pompeji inspiriert sind. Unter dem Namen **Patente Instrumente** firmiert die Schau historischer Musikinstrumente. Neben Saiteninstrumente gehören ihr teils außerordentlich wertvolle Cembali, Spinette, Hammerflügel und Tafelklaviere vom 16. Jh. bis in die Gegenwart an.

Das 1. Obergeschoss beherbergt Bronzen, Keramik, Teppiche, Porzellan und Bücher aus **Ostasien** und der **Islamischen Welt**. Entzückend ist das japanische Teehaus. In ihrer Breite einzigartig ist die **Jugendstilsammlung**. Ihr Glanzstück bildet das ›*Pariser Zimmer*‹, das mit Einzelstücken der Weltausstellung von 1900 eingerichtet ist.

Im zweiten Stock sind weitere Exponate aus der Sammlung Ostasien zu besichtigen. Der Schwerpunkt liegt freilich

Edelinstrumente – Cembalo und Viola im Museum für Kunst und Gewerbe

Kunst-Kubus auf rosa Sockel – die Galerie der Gegenwart ergänzt die klassizistische Kunsthalle

auf der **Sammlung Design**. Ihr Höhepunkt ist die ins Museum versetzte Spiegel-Kantine, die Verner Panton 1969 für die damalige Zentrale des Verlags an der Brandstwiete gestaltete. Ein weiterer bemerkenswerter Innenraum, der Spiegelsaal aus dem Budge-Palais, wurde im Nordhof des MKG wieder aufgebaut. Der teilvergoldete Saal war Anfang des 20. Jh. Schauplatz vieler glänzender Empfänge.

21 Hamburger Kunsthalle

Eine der bedeutendsten Gemälde- und Skulpturensammlungen Deutschlands zeigt Werke vom 13. Jh. bis in die Gegenwart.

Glockengießerwall
Tel. 040/428 13-12 00
www.hamburger-kunsthalle.de
Di–So 10–18, Do bis 21 Uhr
U- und S-Bahn Hauptbahnhof

Die Hamburger Kunsthalle ist eine wahre Schatzkammer – kaum irgendwo sonst sind so exzellente Werke aus allen Epochen der Kunstgeschichte seit dem Mittelalter auf so engem Raum versammelt.

Gegründet wurde das Museum 1817 durch den Kunstverein Hamburg.

1869 konnte der klassizistische Altbau bezogen werden. Der umtriebige erste Direktor *Alfred Lichtwark* (1852–1914) trug in den folgenden Jahrzehnten unermüdlich Werke Hamburger Maler des Mittelalters und Bilder seiner kunstschaffenden Zeitgenossen zusammen. Angesichts der rasch wachsenden Sammlung wurde 1919 eine erste Erweiterung nötig. 1997 ergänzte Oswald Mathias Ungers dann einen Neubau für die Galerie der Gegenwart. Der Architekt vollzog mit diesem strahlend weißen Kubus auf einem pyramidalen roten Granitsockel eine radikale Abkehr vom Neoklassizismus der ersten beiden Ausstellungshäuser.

Ein Rundgang durch die Kunsthalle sollte – gemäß der chronologischen Reihenfolge der Gemälde – im ersten Stock des Altbaus beginnen. Hier kann man, verteilt auf 13 Säle und 16 Kabinette, Werke vom späten Mittelalter bis zum Ausgang des 19. Jh. betrachten. Unter den **Alten Meistern** sind die mittelalterlichen *Altäre* von Meister Francke (1424) besonders hervorzuheben. Auch der berühmte Grabower Altar (1379–83), ein Glanzstück der Gotik von Meister Betram von Min-

Moderne Kunst in passendem Ambiente genießen Besucher in der Galerie der Gegenwart

den, steht im Museum. Bis 1734 hatte er seinen Platz in der Petrikirche.

Auch Lucas Cranach d. Ä., Hans Holbein d. Ä., Rembrandt, Rubens sowie die Hamburger Maler Georg Hinz und Balthasar Denner sind mit Gemälden vertreten. Zu den bedeutenden Werken des **18. Jh.** zählen Bilder von Meistern wie Tiepolo, Canaletto, Fragonard und Goya. Die **Kunst des 19. Jh.** ist durch Gemälde von Anselm Feuerbach, Eugène Delacroix,

Edouard Manet, Claude Monet, Auguste Renoir vertreten. Hinzu kommen Werke verschiedener *Romantikschulen* wie der Nazarener.

Ein eigener Saal präsentiert das Werk des Hamburger Malers **Philipp Otto Runge**, darunter sein wohl bekanntestes Bild, ›Die Hülsenbeckschen Kinder‹ von 1805/06. Ein weiterer Schwerpunkt der Sammlung liegt auf Werken von **Caspar David Friedrich**. Man sieht ›Das Eismeer‹

von 1823/24 sowie das berühmte Gemälde ›Der Wanderer über dem Nebelmeer‹ (um 1818). Von Adolph von Menzel, dem großen Realisten, sind u. a. ›Friedrich der Große in Lissa: Bon Soir Messieurs!‹ (1858) und ›Atelierwand‹ (1872) ausgestellt.

Das Erdgeschoss des Altbaus ist den **Meistern des 20. Jh.** vorbehalten. Werke von Max Liebermann und Lovis Corinth repräsentieren den deutschen *Impressionismus*, Bilder von Ernst Ludwig Kirchner und Emil Nolde vertreten den *Expressionismus*. Ein eigener Raum enthält Werke von Max Beckmann. Die Klassische Moderne dokumentieren zudem Werke von Edvard Munch, Pablo Picasso und Georges Braque. Den *Surrealismus* führen André Masson und Francis Picabia an, die *Neue Sachlichkeit* vertritt u. a. Otto Dix. Auch die **Kunst nach 1945** findet im Erdgeschoss Platz. Teile der Sammlung werden in Wechselausstellungen gezeigt.

Der ›Neubau‹ für die **Galerie der Gegenwart** ist unterirdisch mit den älteren Gebäuden verbunden. Im Mittelpunkt der Sammlung stehen Werke von Andy Warhol, Joseph Beuys, Bruce Nauman, Richard Serra, Jannis Kounellis, Georg Baselitz, Gerhard Richter und Sigmar Polke, Andreas Gursky und Thomas Ruff. Zu den größten Attraktionen zählt die **Mediensammlung** von den Anfängen der Videokunst bis zu aufwendigen Video- und Audioinstallationen der Gegenwart,

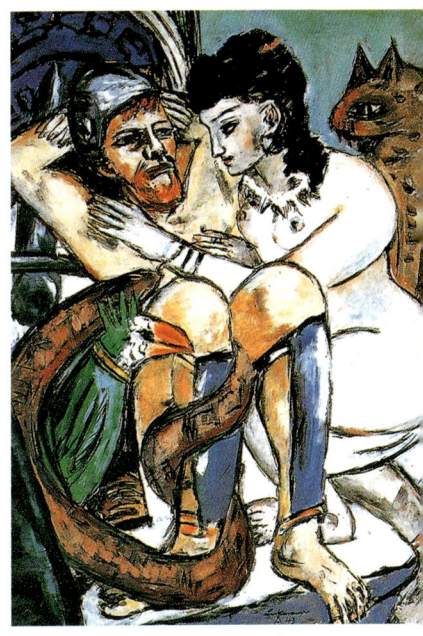

Sinneslust des Einsamen: Max Beckmanns Gemälde ›Odysseus und Kalypso‹ (1943)

darunter Arbeiten von Valie Export, Rebecca Horn, Bruce Nauman und Dan Graham. Unter der gelungenen Lichtregie Ungers' werden aber nicht nur die eigenen Bestände in hochkarätigen Wechselausstellungen präsentiert, sondern auch das international aktuelle Kunstgeschehen und junge Künstler sehr ambitioniert in Szene gesetzt.

Der figurenreiche Grabower Altar ziert die Mittelalter-Sammlung der Kunsthalle

Domplatz und Trostbrücke: Hamburgs historische Zentren

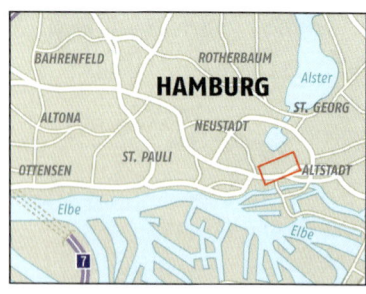

Historische Kontorbauten, Alt-Hamburger Kaufmannshäuser und Fleete sind Zeugen einer Zeit, in der die Hansestadt zur wohlhabenden Metropole wurde. Doch das historische, mehr als 800 Jahre **alte Hamburg** ist nicht leicht zu finden – allzuviel haben der Große Brand von 1842 und die Bombennächte des Zweiten Weltkriegs in der Altstadt Hamburgs vernichtet. Wer sich dennoch auf Spurensuche begibt, wird an zwei Orten fündig. Rund um den **Domplatz**, dem ersten historischen Zentrum der Stadt, findet man als spärlichen Rest früherer Bebauung noch das Fundament des Bischofsturms. Das zweite historische Zentrum, die damals sogenannte *Neustadt*, geht auf den Hafen zurück, den Graf Adolf III. um das Jahr 1188 an der Alster im Bereich der heutigen **Trostbrücke** anlegen ließ. Nur der Hafen ist geblieben – und ringsum einige Kontorhäuser aus späteren Jahrhunderten. Man entdeckt sie noch in der Deichstraße und ihrer Umgebung.

22 Domplatz

Die Bischofsstadt, das erste Stadtzentrum.

Zwischen Speersort und Curienstraße
U 3 Rathaus

Am Domplatz befindet sich die Keimzelle Hamburgs. Den Besucher mag das überraschen, präsentiert er sich doch als vergleichsweise unscheinbare Rasenfläche, auf der einige junge Bäume stehen. Allein die 39 gleichmäßig über das Grün verteilten, abends von innen beleuchteten Sitzgelegenheiten aus weißem Acryl verleihen ihm eine besondere Note.

Die Anordnung der Sitze verweist jedoch subtil auf die historische Bedeutung des Domplatzes. Denn sie markieren die Standorte der Säulen des 1806 abgerissenen Mariendoms. Diese Bischofskirche, von der aus die Christianisierung Nordeuropas eingeleitet wurde, entstand ab 830 zunächst als einfacher Holzbau und wurde im 13. Jh. durch eine

Backstein-Basilika ersetzt. Schon vorher hatte eine ringförmigen Wallanlage den heutigen Domplatz umschlossen. In ihrem Schutz siedelten Händler und Kaufleute – die Geschichte Hamburgs begann.

Nach der Reformation verlor der Dom seine herausgehobene Bedeutung, weigerte sich sein Kapitel doch zunächst, den lutherischen Glauben anzunehmen. Der Dombezirk wurde zu einer Enklave innerhalb Hamburgs, die zunächst unter Bremer, später unter schwedischer Herrschaft stand. Eine eigene Kirchengemeinde gab es nicht mehr. So verfiel das Gotteshaus zusehends. Anfang des 19. Jh. beschloss der Stadtrat schließlich seinen Abriss – ein Bewusstsein für die historische Bedeutung des Doms fehlte damals noch völlig, und nur wenige Ausstattungsstücke konnten vor der Zerstörung gerettet werden – im Museum für Hamburgische Geschichte sind einige Preziosen zu sehen.

An der Nordostseite des Platzes (Speersort 1) steht das **Pressehaus**. Es wurde 1938, zur NS-Zeit, errichtet. Die Nationalsozialisten gaben hier das Hamburger Tageblatt der NSDAP heraus. Den faschistischen Ungeist hat die liberale Wochenzeitung ›Die Zeit‹ längst vertrieben.

23 Bischofsturm

Das älteste Fundament Hamburgs.

Speersort 10
www.amh.de
Mo–Fr 7–19, Sa 7–18 Uhr
U 3 Rathaus

Die Suche nach Spuren aus dem mittelalterlichen Hamburg führt in das Untergeschoss des St. Petri-Hofes, eines modernen Backsteingebäudes am Rand des Domplatzes. Denn dort, gerahmt von den Stühlen und Tischen des Cafés Dat Backhus, stößt man auf ein kreisförmiges Fundament aus großen Findlingen, dessen Außenumfang stolze 19 m beträgt. Auf ihnen gründete der Bischofsturm, der im 12. Jh. als Teil der Verteidigungsanlagen Hamburgs errichtet wurde. Neben dem Fundament sind auch Reste eines uralten Brunnens zu erkennen. Auch der Nachguss des Domgeläuts ist zu sehen.

Anstelle der ›Polster‹ ragten auf dem Domplatz einst Kirchenpfeiler auf

24 Vom Alten Fischmarkt zur Großen Reichenstraße

Kontorhäuser wie das Afrika-Haus dokumentieren die Blüte der Stadt während der Kaiserzeit.

U 3 Rathaus, U 1 Meßberg

Südlich des Domplatzes liegt der **Alte Fischmarkt**. In den kleinen Straßen um diesen Markt finden sich noch einige sehr sehenswerte Bürger- und Kontorhäuser aus dem 18. und 19. Jh. So zeigt zum Beispiel das **Haus Schopenstehl** Nr. 32/33, ein um 1730 erbautes Bürgerhaus, eine in Hamburg seltene spätbarocke Fassade. Beim Nachbarhaus Nr. 31 aus dem Jahr 1885 ist vor allem die Rückseite, die zur Kleinen Reichenstraße weist, interessant. Die großen Fenster im Obergeschoss gehen auf die frühere Nutzung als Kontorhaus zurück.

Die **Kleine** und **Große Reichenstraße** beschreiben den früheren Verlauf des Reichenstraßenfleets, das 1880 zuge-

schüttet wurde. An diesem Fleet lag bis ins 12. Jh. hinein der erste Hafen der Stadt. Sein Name geht auf die besonders begüterten Bürger zurück, die sich hier angesiedelt hatten. In der Kleinen Reichenstraße weist das 1839 erbaute **Haus Nr. 7** noch eine spätklassizistische Fassade auf. Das **Haus Hopfensack** (Nr. 26) hat einen Speichergiebel aus dem 18. Jh.

In der Großen Reichenstraße ist vor allem das **Afrika-Haus** (Nr. 27) einen Blick wert. Es wurde 1899 von Martin Haller für die Reederei Woermann errichtet. Die **Fassade** ist mit Afrika-Motiven verziert, so flankieren den rückwärtigen Eingang im Innenhof zwei bronzene Elefanten. Der Firmengründer, Adolph Woermann (1847–1911), galt als eine der mächtigsten Personen des Kaiserreiches. Der teils fragwürdige Handel mit Westafrika hatte ihn zu einem reichen Mann gemacht.

Schöne Kontorhäuser findet man auch auf der westlich des Domplatzes gelegenen **Schauenburger Straße**. Die Gebäude Nr. 15 (1906) und Nr. 21 (1911) wurden von Leon Frejtag und Erich Ellingius erbaut. Ihre vertikal streng gegliederten

Kaiser Friedrich Barbarossa Zollfreiheit für Handel und Schifffahrt auf der Niederelbe. Zwar ist das Dokument, das dieses Datum trägt, eine Fälschung, dennoch wird an diesem Tag alljährlich der **Hamburger Hafengeburtstag** gefeiert.

1216, während der Dänenherrschaft, wurden Altstadt und Neustadt zu einer Stadt vereint. 1226 wird erstmals die **Trostbrücke** erwähnt, die seitdem die beiden Stadtkerne verbindet. Ihr Name geht darauf zurück, dass sie die letzte Station der zum Tode Verurteilten auf dem Weg zum Galgen war. Neben der Brücke, wo heute die Patriotische Gesellschaft steht, errichteten die Bürger 1290 ein *Rathaus*, nebenan gründeten 1558 die Hamburgischen Kaufleute eine *Börse*, hier stand die *Waage* und ab 1619 auch die *Hamburger Bank*. Der **Große Brand** von 1842, der ganz in der Nähe, in der Deichstraße ausbrach, zerstörte jedoch dieses Zentrum. Heute stehen hier moderne Gebäude neben Kontorhäusern aus der Zeit um die Wende zum 20. Jh. Am einstigen mittelalterlichen Hafen legen kleine Jachten an.

Noch heute aber symbolisieren auf der Trostbrücke die Statuen des ersten Hamburger Erzbischofs Ansgar und des Sachsenherzogs Graf Adolf III. von Schauen-

Fassaden ziert zwischen grün und rot changierende Grès-flammé-Keramik. Reliefs und Ornamente deuten auf Handel und Seefahrt hin. Im Gegensatz zu diesen eher schlichten Fassaden steht die im wilhelminisch-pompösen Stil gestaltete Front des **Bülowhauses**, Nr. 34, das Richard Jacobsen 1906/07 erbaute.

25 Trostbrücke

Das mittelalterliche Zentrum Hamburgs.

U 3 Rathaus, U 3 Rödingsmarkt

Die Große Reichenstraße führt in den Neß und damit ins mittelalterliche Zentrum der Hansestadt. Deren Anfänge gehen auf den Hafen zurück, der damals an der Alster lag, im Bereich des heutigen **Nicolaifleet**. Hier ließ Sachsenherzog Ordulf um das Jahr 1060 die **Neue Burg** errichten. Sie sollte der Gegenpol zur Hammaburg der Bischöfe sein. Tatsächlich entwickelte sich um sie rasch die **Neustadt**. Am 7. Mai 1189 gewährte ihr

Oben: *Zum Nicolaifleet wirkt die historisch nachgebaute Häuserfront doppelt schön*
Unten: *Ansgar, erster Bischof von Hamburg, als steinerner Wächter auf der Trostbrücke*

Eleganz und Wohlstand der Hausbesitzer dokumentiert das Treppenhaus im Laeiszhof

burg den kirchlichen und den weltlichen Ursprung Hamburgs. Die Figuren wurden anlässlich des Neubaus der Trostbrücke (1881–83) nach Plänen von Franz Andreas Meyer von dem Bildhauer Engelbert Pfeiffer geschaffen.

Auf der Neustadtseite des Nicolaifleets stehen zwei beeindruckende Kontorhäuser aus Backstein: Einmal ist das an der Trostbrücke Nr. 2 der **Globushof** mit *Schiffsmodellen* und einem *Neptun* auf dem Giebel, den 1907/08 das Architekturbüro Lundt & Kallmorgen erbaute. Das zweite Gebäude ist der **Laeiszhof** an der Trostbrücke Nr. 1. Der Architekt Martin Haller errichtete ihn 1897/98 für die Reederei Laeisz. Unter der Führung von Carl Laeisz machte sie sich einen Namen mit den Flying P Linern, schnellen Großsegelschiffen wie der ›Pamir‹ und der ›Passat‹, deren Namen alle mit dem Buchstaben ›P‹ begannen. Noch heute trägt jeder Frachter der Laeisz-Reederei einen Namen mit P am Anfang. Das Gebäude selbst spiegelt den Nationalstolz seines Bauherrn. Statuen von Wilhelm I., Bismarck sowie den Generälen Roon und Moltke erinnern an die Protagonisten der Reichsgründung von 1871. Auf dem Dach des Hauses steht eine Pudelplastik, die an den Spitznamen der Ehefrau Sophie des Reeders Carl Laeisz erinnert.

26 Patriotische Gesellschaft

Eine traditionsreiche Hamburger Institution.

Trostbrücke 4–6
Tel. 040/36 66 19
www.patriotische-gesellschaft.de
U 3 Rathaus, U 3 Rödingsmarkt,

Die Patriotische Gesellschaft ist ein gemeinnütziger Verein, dessen Mitglieder im Sinne der Aufklärung das Gemeinwohl kulturell, sozial und politisch befördern. Die Vereinigung geht zurück auf die 1765 gegründete ›Hamburgische Gesellschaft zur Beförderung der Künste und nützlichen Gewerbe‹ und ist nach eigenem Bekunden »Hamburgs älteste und dauerhafteste Bürgerinitiative«. Ihr verdanken wir die Gründung der ersten Sparkasse (1778) und der ersten deutschen Lebensversicherung sowie die Einrichtung der Museen für Hamburgische Geschichte sowie für Kunst und Gewerbe.

Bekannt ist die Patriotische Gesellschaft jedoch vor allem für ihr eindrucksvolles gleichnamiges **Versammlungshaus**. Es entstand in den Jahren 1845–47 an der Stelle nahe der Trostbrücke, an der bis zum Stadtbrand 1842 das Hamburger Rathaus gestanden hatte. Theodor Bülau entwarf das Gebäude im Stil der Neogotik. 1859–97 diente es zugleich der Hamburger Bürgerschaft als Tagungsstätte. Das Backsteinhaus wurde nach den schweren Zerstörungen im Zweiten Weltkrieg vereinfacht wieder hergestellt. Das Motto der Patriotischen Gesellschaft lautet »Emolumento Publico«. Der offene Bienenkorb über dem Eingang symbolisiert diese Losung: »Viele tragen Honig hinein – zum Wohle aller«. Die repräsentativen Räume dienen heute als Veranstaltungsorte für Vorträge, Seminare, Lesungen und Diskussionsrunden.

27 St. Nikolai-Kirchturm

Ein Mahnmal gegen den Krieg.

Willy-Brandt-Str. 60
Tel. 040/37 11 25
www.mahnmal-st-nikolai.de
Mai–Sept. tgl. 10–20, Okt.–April tgl.
10–17 Uhr, Führung Sa 14 Uhr
U 3 Rödingsmarkt

Der 147 m hohe, rußgeschwärzte Kirchturm ist der dritthöchste Kirchturm in

Deutschland. Er widerstand dem Bombenhagel von 1943 und 1944, das Kirchenschiff wurde jedoch völlig zerstört. Der Turm von St. Nikolai fungiert heute als **Gedenkstätte** für die Opfer von Krieg und Verfolgung zwischen 1933 und 1945. Eine Schwarzweiß-Fassung des *Kreuzigungsmosaiks* ›Ecce homines‹ von Oskar Kokoschka ist seit 1978 im Turmgeschoss angebracht. 1993 wurden 51 neue *Bronzeglocken* aus der Königlich Niederländischen Glockengießerei Asten aufgehängt. Ein gläserner Panoramalift bringt Besucher auf eine Plattform in 76 m Höhe.

Neben dem Turm informiert ein D mentations- und Ausstellungszentrum über die Geschichte der Kirche. Sie begann bereits 1195, als hier eine Kapelle stand. Ihr folgte eine Backsteinkirche, die jedoch 1842 niederbrannte. 1846–63 errichtete man dann nach Plänen des Engländers George Gilbert Scott eine Basilika im neugotischen Stil, die einstige Hauptkirche St. Nikolai.

Auf dem Hopfenmarkt, der Grünanlage vor der Kirche, steht der ›Tempel‹, ein *Monument aus Steinblöcken* vom Bildhauer Ulrich Rückriem.

Eindringlich erinnern Kunstwerke und die Ruine von St. Nikolai an den Wahnsinn des Krieges

Zwischen Speicherstadt und Fischmarkt: Hamburgs Tor zur Welt

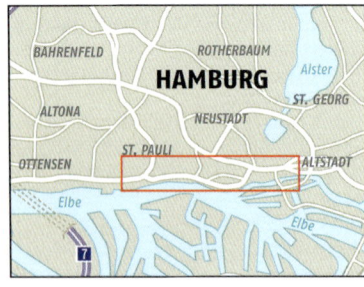

Hamburgs Tor zur Welt – das ist die Hafenkante zwischen dem Fischmarkt im Westen und der HafenCity im Osten. Während vom gegenüberliegenden Südhafen himmelhohe Kräne, Container-Berge und Ozean-Riesen grüßen, spürt man zumindest in der **Speicherstadt** noch alte Hafen- und Seefahrer-Atmosphäre. Ganz modern interpretiert dagegen die **HafenCity** auf dem Gebiet des einstigen Hafens das Thema ›Leben am Wasser‹. Ihr spekuläres Wahrzeichen ist die **Elbphilharmonie**. Das Segelboot ›Rickmer Rickmers‹ an den **Landungsbrücken** zeugt von der Zeit, als Lastschiffe noch auf die Kraft des Windes angewiesen waren. Außerdem legen hier Barkassen zur *Hafenrundfahrt* ab. Westlich der Landungsbrücken liegt der **Altonaer Fischmarkt**. Neben Fisch werden hier jeden Sonntagmorgen Grünpflanzen, Obst und Trödel lautstark angepriesen.

28 Speicherstadt

Der Duft des Welthandels weht durch die Fleete der Speicherstadt, dem verwirrend großen Lagerhauskomplex.

Kehrwieder- und Wandrahminsel
U 1 Meßberg, U 3 Baumwall

Die Speicherstadt ist eine der eindrucksvollsten Denkmal-Landschaften Hamburgs. 1884–88 von Franz Andreas Meyer errichtet, besteht sie aus 17 sieben- bis achtstöckigen **Speicherhäusern** mit einer Gesamtfläche von rund 330 000 m². Damit war sie der größte zusammenhängende Lagerhauskomplex der Welt. Auf dem von Fleeten durchzogenen Areal lagerten Gewürze, Teppiche, Kaffee und später auch Elektrogeräte.

Die Häuser bestechen vor allem im Ensemble. Einheitlich sind sie im Stil der *Backsteingotik* gestaltet – ihr romantisches Aussehen verdanken sie den Giebeln, Erkern und Zinnen. Eine besonders schöne Sicht hat man bei einer Hafenrundfahrt mit den Barkassen.

Anlass für den Bau war der Anschluss Hamburgs an das Zollinland des Deutschen Reiches 1888. Als Entschädigung wurde der Hansestadt das Recht zugestanden, an der Elbe einen **Freihafen** auszuweisen, in dem Waren zollfrei gelagert und weiterverarbeitet werden durf-

Begehrte Speicherstadt – erst riesiges Warenlager, heute großartiges Architekturdenkmal

ten. Bei ihrer Entscheidung, die neuen Speichergebäude auf *Kehrwieder-* und *Wandrahminsel* zu errichten, nahmen die Stadtoberen keinerlei Rücksicht auf hergebrachte Siedlungsstrukturen: Viele Hundert Häuser mussten weichen, über 23 000 Hafenarbeiter in entlegene Stadtteile umsiedeln. Alfred Lichtwark, der damalige Direktor der Kunsthalle, kritisierte seine Heimatstadt deshalb als ›die Freie und Abriss-Stadt Hamburg‹.

Doch die Kaufleute bekamen, was sie wollten: Die Speicherstadt war auf dem neuesten Stand der Technik, noch immer bieten die dicken, frostsicheren Wände wegen minimaler Temperaturschwankungen ideale Speicherbedingungen. Allerdings hat die Speicherstadt – wie der ganze Hamburger Hafen – mittlerweile ihren Status als Freihafen verloren, sodass die prächtigen Backsteinbauten inzwischen mehr und mehr als Büros und Museen genutzt werden. Zu ihnen zählt das originelle **Spicy's Gewürzmuseum** (Am Sandtorkai 34, Tel. 040/36 79 89, www.spicys.de, Di–So 10–17 Uhr, Juli–Okt. auch Mo). Es zeigt etwa 50 Gewürze in Originalgebinden zum Anfassen und Probieren.

29 Deutsches Zollmuseum

Von Schmugglern, Zollkontrollen und Steuergesetzen.

Alter Wandrahm 16
Tel. 040/30 08 76 20
www.museum.zoll.de
Di–So 10–17 Uhr
U 3 Baumwall

Das Deutsche Zollmuseum im alten Zollamt an der Kornhausbrücke dürfte alle angehenden Schmuggler – und nicht nur sie – begeistern. Zu den Ausstellungsstücken zählen nämlich originelle Verstecke für Schmuggelgüter wie hohle Golfbälle oder Brote; in letzteren verbarg man Zigarettenstangen. Neben diesen eher amüsanten Exponaten zum Schmuggelwesen geht es um die Geschichte des Zollwesens. Schon die Römer verlangten an den Außengrenzen ihres Reiches – in Deutschland also am Limes – Abgaben auf die meisten mitgeführten Gegenstände. Doch auch auf ihrem Herrschaftsgebiet wurden an Häfen oder bedeutenden Pässen Gebühren erhoben. Urkunden und Waagen aus dem

Pfeffersäcke und Postmoderne

Schnörkelige Barockpalais und romantische Stadtschlösschen sucht man in Hamburg vergeblich. Stattdessen findet man auch architektonisch eine Kaufmannsstadt, die schlichte Eleganz mit Zweckmäßigkeit verbindet. Bloß kein Firlefanz – das hanseatische Motto spiegelt sich sowohl in historischen als auch zeitgenössischen Bauten wider.

Immer schon musste Hamburg den Spagat schaffen zwischen Gewinnstreben und dem Wohnbedarf der Stadtbevölkerung. Oft behielten die Investoren die Oberhand – so im 19. Jh., als der Speicherstadt ein ganzes Viertel zum Opfer fiel. Ausnahmen bestätigen da eher die Regel: Im Konflikt um die **Hafenstraße** hatten die Hausbesetzer den längeren Atem. Nach langem, auch gewaltsamen Kampf gingen die Häuser in den Besitz einer Genossenschaft über. Und Anfang der 2010er-Jahre konnten Aktivisten den Abriss eines der letzten Gängeviertel in Hamburgs Innenstadt verhindern.

Vier Bautypen prägen das Bild Hamburgs: die **Kontorhäuser** der Kaufleute, die roten **Mietshäuser** aus Backstein, die eleganten weißen **Villen** um die Außenalster und – seit einigen Jahren – **postmoderne Geschäftsbauten** aus Glas, Stahl und natürlich Backstein.

Bereits Fritz Schumacher, 1909–33 Oberbaudirektor in Hamburg und verantwortlich für die Gestaltung der Mönckebergstraße, der Jarrestadt und des Stadtparks, achtete streng auf **städtebauliche Einheitlichkeit**. Ganz in seinem Sinn schufen auch die Bauherren und Architekten der Postmoderne Bauwerke, die mit dem bestehenden Stadtbild harmonieren. Ein gutes Beispiel dafür ist das 1990 eingeweihte Verlagshaus Gruner + Jahr am Sporthafen.

Seit dem Beginn des 21. Jh. entstanden in der HafenCity weitere architektonische Highlights – allen voran die Elbphilharmonie auf ihrem Lagerhaus-Sockel. Nicht minder innovativ präsentiert sich das China-Shipping-Gebäude von Hadi Teherani am Sandtorkai. Seine kastenartige Struktur spielt mit Containermotiven.

Mittelalter belegen, welch großen Beitrag zur Staatsfinanzierung die Zollgebühren damals spielten. Auch einen Einblick in die heutige Arbeit der Zollverwaltung gewährt die Schau.

30 Speicherstadtmuseum

Von Hamburger Kaufmannsstolz und harter Arbeit.

Am Sandtorkai 36
Tel. 040/32 11 91
www.speicherstadtmuseum.de
April–Okt. Mo–Fr 10–17, Sa/So 10–18,
Nov.–März Di–So 10–17 Uhr
U 3 Baumwall

Das Speicherstadtmuseum dokumentiert die Historie der Speicherstadt, zeigt typische Handelsgüter und erinnert an das harte Leben der Menschen, die im Hamburger Hafen arbeiteten. Dabei wird auch deutlich, wie sehr der technische Fortschritt die Berufswelt im vergangenen Jahrhundert veränderte – der Beruf des Ewerführers, der Lastkähne durch die Fleete der Speicherstadt navigierte, ist längst ausgestorben.

*Aus groß mach klein – wie Gulliver in Liliput
fühlen sich Gäste im Miniatur Wunderland*

31 Hamburg Dungeon

*Gruselkabinett in der
Speicherstadt.*

Kehrwieder 2 Block D
Tel. 040/36 00 55 20
www.the-dungeons.de/hamburg
Juli/Aug. tgl. 10–18,
Sept.–Juni tgl. 10–17 Uhr
U 3 Baumwall

Vor Jahrhunderten, lange bevor das
Marschland an der Elbe zum Hafen ausgebaut wurde, diente es als Viehweide
und als Richtstätte. Besonders von Letzte-
rem erzählt das Hamburg Dungeon –
und ist dabei stets auf größtmöglichen
Gruseleffekt bedacht. Schauspieler stellen mittelalterliche Foltermethoden nach
oder flüchten vor dem Großen Feuer von
Hamburg. Auch die Hinrichtung des Piraten *Klaus Störtebeker* darf nicht fehlen
– und natürlich erhebt sich auch im Hamburg Dungeon der enthauptete Viktuali-
enbruder, um an seinen Kameraden vor-
beizulaufen.

32 Miniatur Wunderland

Größte Modelleisenbahn der Welt.

Kehrwieder 2, Block D
Tel. 040/300 68 00
www.miniatur-wunderland.de
Mindestöffnungszeiten:
Mo/Mi/Do 9.30–18, Di 9.30–21,
Fr 9.30–19, Sa 8–21, So/Fei 8.30–20 Uhr
U 3 Baumwall

Dass Hamburg das Tor zur Welt ist, be-
weist das Miniatur Wunderland auf eigene, faszinierende Weise: Ein Besuch der
größten Modelleisenbahnanlage der
Welt gleicht einer Reise zu den schönsten
Ecken unserer Erde – im Miniaturformat
1:87. Die Ausstellung ist gut besucht, vor
allem am Wochenende sind Wartezeiten
nicht auszuschließen. Wer online bucht,
kann zumindest die Schlangen an der
Kasse umgehen.

Auf einer Fläche von bislang 1150 m^2
und einer Gleislänge von 12 km rattern ca.
930 Züge durch die kunstreichen Minia-
turwelten, von denen zwölf geplant und
mehr als die Hälfte (Amerika, Österreich,
Airport Knuffingen, Harz, Hamburg, Skandinavien und Schweiz) fertiggestellt sind.

Kranballett in der HafenCity zwischen Sandtorkai (rechts) und Dalmannkai (links)

Mitmachen und Anfassen ist in vielen Bereichen des Miniatur Wunderlandes erwünscht: Besucher können etwa einen Bergwerkzug starten, Windräder in Betrieb nehmen oder die 12 000 Figuren eines großen Hamburger Stadions zum kollektiven Torschrei bringen.

33 HafenCity

TOP TIPP *Ein neuer Stadtteil im Herzen Hamburgs.*

www.hafencity.com
U 4 Überseequartier, Metrobus 3, 4 und 6 Marco-Polo-Terrassen

In der HafenCity wird eine faszinierende Vision Wirklichkeit: Unmittelbar an der Elbe entsteht ein neuer, hoch verdichteter Stadtteil, geprägt von moderner Architektur und kurzen Wegen. Die für moderne Containerschiffe längst zu klein gewordenen Hafenbecken wurden nicht zugeschüttet, sondern in den Bebauungsplan integriert – so wird das Wasser zum prägenden Element des Quartiers.

Die Planung der HafenCity begann bereits in den 1990er-Jahren unter dem Ersten Bürgermeister Henning Voscherau, die Umgestaltung des 155 ha großen Areals soll 2025 abgeschlossen sein.

Die Verwirklichung der ambitionierten Pläne erfolgt von West nach Ost, und tatsächlich ist die Bebauung des **Sandtorkais** jenseits der Speicherstadt so gut wie abgeschlossen. Doch bei allem Lob für die mutige Gesamtkonzeption gibt es auch Kritik: Die Häuser sähen zu steril aus, Wohnungen seien nur für Reiche erschwinglich, überhaupt fehle es an Grün und städtischem Leben. Für ein endgültiges Urteil ist es aber noch zu früh.

Erstes Ziel sollte das **HafenCity Info-Center** (Am Sandtorkai 30, Tel. 040/ 36 90 17 99, Mai–Sept. Di–So 10–20, sonst bis 18 Uhr) in der Speicherstadt sein. Im Kesselhaus, einem einstigen Heizkraftwerk, informiert es über den aktuellen Stand der Arbeiten, außerdem ist es Treffpunkt für Führungen durch den Stadtteil. Von dort geht es zu den Magellan-Terrassen, die sich am Ende des Sandtorhafens zum Wasser öffnen. Hier liegen an den

Kühne Formen – die spektakuläre Elbphilharmonie setzt ein Ausrufezeichen

begehbaren, schwimmenden Pontons des **Traditionsschiffhafens** (www.sandtorhafen.de) historische Segelschiffe vor Anker. Auch die Tische einiger Cafés säumen hier die Hafenkante. An der Spitze des Sandtorkais ragt die faszinierende Elbphilharmonie [Nr. 34] auf.

Weiter südlich, am Scheitel des Grasbrookhafens, folgen die Marco-Polo-Terrassen. Sie werden überragt vom Marco-Polo-Tower, einem 56 m hohen Wohnturm, dessen Etagen gegeneinander versetzt sind. Dieser Kunstgriff des Architekturbüros Behnisch aus Stuttgart verleiht dem Bau ein sehr dynamisches Antlitz. Am nahen Chicagokai befindet sich das Kreuzfahrtterminal **Hamburg Cruise Center** (www.hamburgcruisecenter.de). Der aus Containern zusammengefügt Behelfsbau wird in den nächsten Jahren durch eine schwungvolle Glaskonstruktion des Architekten Massimiliano Fuksas ersetzt werden. Behnisch Architekten zeichnen für die benachbarte Unilever-Zentrale (Strandkai 1) verantwortlich, deren verglaste Außenfassade an ein Luftkissen erinnern.

Eine weitere Attraktion der HafenCity könnte das von Stararchitekt Rem Koolhaas entworfene **Science Center** werden. Dieses sechsstöckige Gebäude aus Glas und Stahl soll ein Zentrum für erleb- und erfahrbare Wissenschaften beherbergen. Allerdings steht bislang noch kein Termin für den Baubeginn fest.

34 Elbphilharmonie

Wenn Hanseaten träumen: Hamburgs große Unvollendete.

Baustelle: Am Kaiserkai
Infopavillon: Magellan-Terrassen, April–Okt. Di–So 10–17, Nov.–März Do–So 10–17 Uhr
Tel. 040/35 76 66 66
www.elbphilharmonie.de
U 4 Überseequartier

Als das Schweizer Architekturbüro Herzog & de Meuron im Jahr 2003 seine ersten Entwürfe für die Elbphilharmonie präsentierte, waren die Hamburger vor Begeisterung kaum zu halten. Der Plan

Ruhezeit am Binnenhafen, links liegt das Sloman-Haus, aus der Ferne grüßt der Michel

sah vor, auf den von Werner Kallmorgen in den 1960er-Jahren erbauten Kaispeicher A an der Spitze des Sandtorhafens einen Konzertsaal zu setzen, dessen gläserne Hülle sich in faszinierender Weise über die HafenCity erheben sollte.

Als die Befürworter der Elbphilharmonie dann auch noch ankündigten, die Kosten dieses Kunstwerks würden sich für die Bürgerschaft auf höchstens 77 Mio. Euro belaufen, war die Entscheidung gefallen: Hamburg sollte ein neues Wahrzeichen erhalten. Bald ein Jahrzehnt später ist der Traum, zumindest äußerlich, Wirklichkeit geworden. Insgesamt 1100 Glaselemente, keines geformt wie das andere, jedes einzelne über eine Tonne schwer, umhüllen die oberen Geschosse der Elbphilharmonie. Es gibt kaum einen Betrachter, der bei diesem Anblick nicht begeistert wäre.

Dass den Hamburgern dennoch nicht zum Jubeln zumute ist liegt an ständigen Querelen zwischen Senat und Baufirmen, den Baukosten, die inzwischen auf über 575 Mio. Euro gestiegen sind, und dem in immer weitere Ferne rückenden Eröffnungstermin. Nach letztem Stand soll es 2017 so weit sein – sieben Jahre später als ursprünglich gedacht.

Auch baulich präsentiert das Internationale Maritime Museum stolz hanseatische Wurzeln

35 Internationales Maritimes Museum

3000 Jahre Schifffahrtsgeschichte in traditionsreichem maritimem Ambiente.

Koreastraße 1 (Kaispeicher B)
Tel. 040/30 09 23 00
www.internationales-maritimes-museum.de
Di–So 10–18, Do bis 20 Uhr
U 4 Überseequartier,
Metrobus 3, 6 Bei St. Annen

Schier unüberschaubar ist die Fülle der Exponate im Internationalen Maritimen Museum. Es residiert im 1879 erbauten Kaispeicher B, dem ältesten Speicherbauwerk Hamburgs. Im Stil der Backsteingotik errichtet, nahm es die Architektur der zehn Jahre später begonnenen Speicherstadt etwas weiter westlich vorweg.

Die Ausstellung ist in neun Bereiche gegliedert, in denen es um die großen Entdeckungsfahrten am Beginn der Neuzeit, um Segelschiffe oder die Entwicklung der Dampfschifffahrt geht. Breiten Raum nehmen Marineuniformen und Orden ein. Den eigentlichen Reiz der vom langjährigen Vorstandsvorsitzenden des Axel-Springer-Verlags Peter Tamm (*1928) zusammengetragenen Sammlung machen aber die unglaublich detailfreudigen Schiffsmodelle aus. Da hängen Koggen unter vollen Segeln von der Decke, in den Vitrinen stehen Dampfer und antike Schiffe. Aus purem Gold besteht das Modell der Santa Maria, an deren Bord Christoph Kolumbus sich auf den Weg nach Amerika machte.

Elbe auf, Elbe ab

Die regulären **Hafenrundfahrten** [s. S. 130] starten von den Ablegern St.-Pauli-Landungsbrücken, Deichstraße/ Binnenhafen und Vorsetzen. Man kann aber auch mit den regulären Elbfähren von den **Landungsbrücken**, sowie von **Blankenese** oder **Wedel-Schulau** durch den Hafen und ins Alte Land schippern. Auf den Fährlinien des HVV gilt sogar die Hamburg Card [s. S. 115].

An der Busanbrücke, die vom Museum über den Magdeburger Hafen führt, erinnert ein Denkmal an den Seeräuber Störtebeker. Die Bronzestatue wurde 1982 von *Hansjörg Wagner* entworfen.

Südlich des Museums entsteht in den nächsten Jahren das Elbtorquartier der HafenCity, in dem auch die HafenCity Universität angesiedelt sein wird. Ihre Studenten befassen sich mit Baukunst und Metropolenentwicklung.

36 Reimerstwiete und Cremon

Hanseatische Architektur des 17.–19. Jh.

U 3 Baumwall

Die Reimerstwiete liegt auf der Marschinsel Cremon. Einwanderer aus Friesland und Holland deichten die Insel zwischen dem westlichen Nicolaifleet und dem zugeschütteten Steckelhörnfleet im 12. Jh. ein und bebauten rund 30 Grundstücke mit Fachwerkspeichern und Wohnhäusern. Aus dieser Zeit ist nichts geblieben, doch stehen in der engen **Reimerstwiete** noch fünf Wohn- und Speicherhäuser, Nr. 17–21, aus den Jahren 1761 bis 1824. Sie sind die letzten Zeugnisse der *Fachwerkbauweise*, die Hamburg bis ins 19. Jh. hinein prägte.

Etwas weiter grüßt die angeblich aus Klaus Störtebekers Gold gefertigte Turmspitze der Hauptkirche **St. Katharinen** (www.katharinen-hamburg.de).

Die Straße **Cremon** wurde erstmals 1251 urkundlich genannt. Auf der Fleetseite der Straße stehen *Speicherhäuser* aus dem 18. und 19. Jh. (Nr. 33–36). Südlich der Straße Cremon, an der Einmündung des Nicolaifleets in den Binnenhafen, er-

Hafen und Landungsbrücken im Abendrot

Landseite mit Binnendeichhäusern bebaut. Seit dem 15. Jh., als sich die Brauer hier niederließen, errichtete man am Fleet auch Gebäude am Außendeich.

Haus Nr. 27 mit den massiven Backsteinfassaden – um 1780 errichtet – ist der älteste Speicher Hamburgs. Das Alt-Hamburger Bürgerhaus mit dem **Restaurant Schönes Leben** (Nr. 37, www.buergerhaus.schoenes-leben.de) wurde 1686 für den Kaufmann Jakob Lange gebaut. Gäste speisen unter vergoldeten Kronleuchtern, die von einer bemalten Balkendecke hängen. Auch die Galerie bestand schon zur Erbauungszeit.

Im **Haus Nr. 42** brach am 5. Mai 1842 der Große Brand aus. Die Flammen vernichteten ein Drittel der Stadt, Feuerwehrleute brauchten drei Tage, um die Brände zu löschen. An der Binnenalster schließlich konnte das Feuer eingedämmt werden – deshalb heißt eine Straße dort Brandsende. 20 000 Menschen waren obdachlos geworden, 51 in den Flammen gestorben, und 1100 Wohnhäuser, 102 Speicher sowie sieben Kirchen wurden zerstört.

38 Sloman-Haus

Kontorhaus der ältesten Reederei Hamburgs.

Baumwall 3
U 3 Baumwall

Am Baumwall erhebt sich das massige Sloman-Haus. Das Kontorhaus der Reederei Sloman wurde 1908/09 nach Entwürfen von Martin Haller und Hermann Geißler errichtet. Die barock gestalteten *Portale* des Backsteinbaus schmücken *Bronzereliefs* mit Schiffsmotiven. Der Anbau zum Steinhöft stammt von 1921/22.

Die Reederei Sloman wurde von dem englischen Kapitän William Sloman und seinen Söhnen William Palgrave und Robert Miles im Jahr 1793 gegründet. Am 29. Mai 1850 lief mit der ›Helena Sloman‹ der erste hamburgische Dampfer nach Übersee aus. Er legte die Strecke in die Vereinigten Staaten binnen 30 Tagen zurück. Mit 21 Schiffen war das Unternehmen 1859 die größte Reederei der Hansestadt. Noch heute wird Sloman (jetzt Sloman Neptun Schifffahrts AG mit Sitz in Bremen) von Nachfahren geführt.

hebt sich der **Neue Krahn**. Seit 1352 ist an dieser Stelle ein Kran bezeugt. Der heutige eiserne Schwerlastkran ersetzte 1858 einen Holzkran. Dank der ausgeklügelten Konstruktion konnte man die Ware per Handkurbel gleichzeitig heben und wiegen. 1896 wurde der Kran auf elektrischen Betrieb umgestellt.

37 Deichstraße

Ein architektonisches Juwel althamburgischer Bauweise.

U 3 Baumwall

Westlich des **Nicolaifleets** verläuft die Deichstraße, in der das einzige Ensemble althamburgischer Kaufmannsbauweise aus dem 17. bis 19. Jh. erhalten geblieben ist. Ursprünglich wurde in der erstmals 1304 erwähnten Deichstraße nur die

39 Verlagshaus Gruner + Jahr

Wie ein Dampfer auf Stelzen liegt der Verlag am Baumwall.

Am Baumwall 11, zwischen Stubbenhuk und Neustädter Weg
U 3 Baumwall

Die Münchner Architekten *Otto Steidle, Uwe Kiessler und Partner* entwarfen das Verlagshaus für Gruner + Jahr am Hafenrand. Hier werden Zeitschriften wie der *Stern* und *Geo* verlegt.

Der Bau formiert sich aus vier zur Elbe gerichteten **Hauptschiffen** und drei kleineren Schiffen im Nordteil. Die Verbindung beider Gebäudeteile stellt der Toboggan dar, ein 40 m hoher **Eingangsturm**. Zu 55 Prozent besteht das Pressehaus des Verlages aus Glas, die übrigen Fassadenflächen sind mit silber schimmerndem Titanzink verkleidet. Architektonische Details wie Bullaugen, Relings, Sonnensegel und Oberdecks verstärken den Eindruck eines riesigen Schiffes.

Schiff ahoi – Rickmer Rickmers in hoffnungsfrohem Grün, dahinter die Cap San Diego

40 Landungsbrücken

Die Landungsbrücken sind das Herzstück des alten Hamburger Hafens.

U 3 und S 1, S 3 Landungsbrücken

Den Beinamen ›Tor zur Welt‹ verdankt Hamburg auch den Landungsbrücken von St. Pauli, die 1839 als Anlegeplatz für große Dampfer errichtet wurden. Mit der Sloman-Reederei oder der HAPAG-Linie verließen von ihnen aus Millionen Menschen ihre Heimat. Heute starten hier die **Hafenrundfahrten**.

Im Zentrum der Landungsbrücken steht das 200 m lange, 1907–09 errichtete **Empfangsgebäude**. Zwei Ecktürme und zwei Kuppeln krönen das mächtige Gebäude aus Tuffstein. Wenn der Wasserstandsanzeiger am östlichen Turm 40 Dezimeter über Null zeigt, stehen weite Teile am Hafen wieder einmal unter Wasser.

Über den Landungsbrücken thront das **Hotel Hafen Hamburg**, ursprünglich 1853–63 als Krankenhaus für Seeleute errichtet. Aus der Tower Bar im obersten Stockwerk des pyramidengekrönten Turms, der den Altbau seit 1987 ergänzt, bietet sich – vor allem bei Sonnenuntergang – ein grandioser Blick über den Hafen.

41 Rickmer Rickmers

Einer der letzten erhaltenen Fracht-Großsegler der Welt.

Landungsbrücken, Ponton 1 a
Tel. 040/319 59 59
www.rickmer-rickmers.de
tgl. 10–18 Uhr
U 3 Baumwall

Der Weg zur Dreimastbark Rickmer Rickmers führt vorbei an Souvenirgeschäften und Imbissbuden ans östliche Ende der Landungsbrücken. Das 97 m lange Museumsschiff wurde 1896 gebaut und ist einer der letzten erhaltenen *Fracht-Großsegler*. Mit dieser Schiffsgeneration ging die Zeit der kommerziellen Segelschiffe langsam zu Ende, waren die nun aufkommenden Dampfschiffe doch wesentlich schneller und zuverlässiger.

Gegenüber der Rickmer Rickmers markiert eine Hochwassermarke den Scheitelpunkt der **Sturmflut** im Februar 1962. Sie forderte mehr als 300 Menschenle-

Jenseits von Afrika

Harry's Hafenbasar (Tel. 040/31 24 82, www.hafenbasar.de, Sa/So/Fei 12–18 Uhr) ist ein Hamburger Unikum, ein ›Museum zum Anfassen und Kaufen‹. Der Laden befindet sich in der Erichstraße 56/Ecke Balduinstraße nahe der St.-Pauli-Hafenstraße, wird aber im September 2013 auf den Schwimmkran STREIFF umziehen. Ursprünglich verkaufte hier der ehemalige Seemann Harry Rosenberg (1925–2000) Dinge, die ihm Seeleute von ihren Reisen mitbrachten – sogar präparierte Reptilien und Schrumpfköpfe. Diese Zeiten sind natürlich vorbei, aber nach wie vor kann man in dem vollgestopften Laden Kuriositäten aus aller Welt besichtigen und kaufen.

ben; rund 20 000 verloren ihr Dach über dem Kopf. Nach dieser Katastrophe wurden die Deiche erhöht, Schleusen, Sperrwerke und an der Hafenkante die Flutschutzmauer geschaffen.

42 Cap San Diego und Feuerschiff

Zwei Museumsschiffe, die an stürmische Zeiten erinnern.

Vorsetzen und Landungsbrücken
S1, S3 Landungsbrücken, U 3 Baumwall

An der Überseebrücke zwischen Landungsbrücken und Sporthafen liegt die 1962 vom Stapel gelaufene **Cap San Diego** (www.capsandiego.de, tgl. 10–18 Uhr). Vor den Tagen des Containerzeitalters befuhr das Museumsschiff als *Stückgutfrachter* die Meere. Heute legt es nur noch zu Sonderfahrten ab, etwa wenn es sich in die Schiffsparade zum Hafengeburtstag einreiht.

Von der Überseebrücke führt eine Fußgängerbrücke hinüber zum Sporthafen (www.city-sporthafen-hamburg.de). Dort kann man an Bord des **Feuerschiffs** (Tel. 040/36 25 53, www.das-feuerschiff.de) gehen. Das nach alter Tradition in Nietenbauweise gefertigte Fahrzeug mit viel maritimem Equipment beherbergt ein Restaurant nebst Bar. Im Maschinenraum werden regelmäßig Jazzkonzerte veranstaltet.

Tunnelblick – alle Jahre wieder beherbergt der Alte Elbtunnel die Elbart-Kunstausstellung

43 Alter Elbtunnel

Fußgänger, Fahrrad- und Autofahrer werden per Fahrstuhl hinabgelassen.

nördlicher Eingang neben den Landungsbrücken
PKW im Einbahnstraßenverkehr (kostenpflichtig): Mo–Fr 5.30–13 (Steinwerder), 13–20 Uhr (St. Pauli)
Fußgänger, Radfahrer: durchgehend geöffnet (frei)
U 3 und S 1, S 3 Landungsbrücken

An der Westseite der Landungsbrücken versteckt sich in einem Kuppelbau der Eingang zum denkmalgeschützten Alten Elbtunnel, der auch **St. Pauli-Elbtunnel** genannt wird. 1907–11 wurde er unter der Elbe hindurchgeführt, um den Fährverkehr über die Elbe zwischen St. Pauli und Steinwerder zu entlasten. Die Autos werden einzeln in Fahrstühlen in den relativ schmalen, schön gefliesten Tunnel hinabgelassen. Fußgänger müssen auf steilen Treppen zu den **Röhren** 23,50 m unter dem Straßenniveau hinuntersteigen. Seit 1994 werden die historischen Tunnel unter erheblichem Aufwand sukzessive restauriert. Die Sanierungsarbeiten werden vermutlich noch bis 2019 andauern.

Kirchenarchitektur diente als Vorbild für die ehemalige Altonaer Fischauktionshalle

44 Bismarckdenkmal

Das größte Denkmal der Stadt.

Alter Elbpark
U 3 und S 1, S 3 Landungsbrücken

Inmitten des alten Elbparks, nördlich der Landungsbrücken, wacht Reichskanzler Otto von Bismarck über den Hamburger Hafen. Das größte **Denkmal** der Stadt schufen 1901–06 der Architekt Emil Schaudt und der Bildhauer Emil Lederer aus zusammengesetzten Granitquadern. Die auf einer ehemaligen Bastion der Stadtbefestigung stehende, als Rolandsfigur stilisierte Gestalt Bismarcks ist 14,8 m hoch. Die Kolossalstatue versinnbildlicht den Schutz des Deutschen Reiches für den Welthandel der Hansestadt.

45 Fischmarkt

 Auf dem Fischmarkt treten am frühen Sonntagmorgen Hamburgs bekannte Marktschreier auf.

Große Elbstraße 9
Tel. 040/428 11 60 70
Mitte März–Mitte Nov. So 5–9.30, sonst So 7–9.30 Uhr
S 1, S 3 Reeperbahn, U 3 Landungsbrücken, Bus 112 Fischmarkt

Am frühen **Sonntagmorgen** herrscht buntes Treiben auf dem Fischmarkt. Händler verkaufen Meerestiere, aber auch andere Lebensmittel, Pflanzen, Antiquitäten und Kitsch. Vor allem Touristen tummeln sich hier, dazu ko[...] gänger auf dem Weg nac[...] erst kurz vor Ende kommt, k[...] Schnäppchen machen. Denn dann bieten die Marktschreier auch ein ganzes Bündel Bananen »für 'n Euro« feil. Diese Marktschreier, auch Rappohändler genannt, sind wahre Originale und große Selbstdarsteller. Spaßig ist es immer, wenn sie so richtig loslegen, auch wenn ihre Späße zuweilen derb und anzüglich sind. Kurzum, sie geben Vorstellungen, die man nicht verpassen sollte.

Mitten auf dem Fischmarkt behauptet sich die würdige **Altonaer Fischauktionshalle** (Fischmarkt 2 a, www.fischauktionshalle-hamburg.de, April–Okt. So 5–12, Nov.–März So 6–12). Das backsteinverkleidete Eisenskelett-Gebäude wurde 1895–96 im Stil einer Basilika errichtet. Über der Vierung ragt eine Kuppel auf. Sonntagsfrüh, während des Fischmarkts, gibt es Frühstück mit Livemusik.

Auf dem 1730 eingerichteten Altonaer Fischmarkt wurde ursprünglich nur Fisch, vorwiegend Hering, verkauft. Altona, erst 1937 in Hamburg eingemeindet, war Ende des 19. Jh. Hauptliegeplatz der deutschen Fischereiflotte.

Nicht weit davon pflegt das **Fischerhaus** (Fischmarkt 14, Tel. 040/31 40 53) seinen rauen Charme, aber die Fischgerichte sind vorzüglich und preiswert. Wer es vornehmer mag, speist im **Fischereihafen-Restaurant** (Große Elbstraße 143, Tel. 040/38 18 16) exzellent – und teuer – mit Blick auf den Hafen.

Am Hamburger Fischmarkt verkauft Sonntag morgens nicht nur Fischers Fritz frische Fische

Die attraktive Neustadt:
Kultur unterm Michel

Zum Hamburger Stadtgebiet kam dieses Viertel, das vom Johannes-Brahms-Platz im Norden bis zum Hafen reicht, durch den Bau der Bastion 1615–26. Ihr Verlauf ist heute noch deutlich am Wallring zu erkennen. Der Festungsbaumeister Johann van Valckenburgh integrierte damals große freistehende Flächen in den Festungsring, die später um die Hauptkirche **St. Michaelis** mit Wohnungen bebaut wurden. Die Neustadt war immer ein Wohngebiet der Arbeiter und Armen. Das **Gängeviertel** – ehemals ein Labyrinth drangvoll enger, lichtloser Wohnquartiere – präsentiert sich inzwischen als Tummelplatz der Alternativen und Kreativen Hamburgs.

46 Gängeviertel

Quicklebendige Kulturszene im einstigen Arbeiterviertel.

Zwischen Bäckerbreitergang, Valentinskamp, Caffamacherstraße und Speckstraße
Infoladen: Valentinskamp 39,
Di–So 15–17 Uhr
http://das-gaengeviertel.info
U 2 Gänsemarkt

Nur wenig blieb von den Gängevierteln Hamburgs – allzu ungemütlich waren die Behausungen, allzu sehr stiegen seit dem 19. Jh. die Ansprüche an Wohn- und Arbeitsumfeld. So wurde ein Straßenzug nach dem anderen überplant, Bürotürme und große Miethäuser entstanden.

Doch südlich des Valentinskamps blieben einige der historischen Gebäude erhalten. Am **Bäckerbreitergang** ist die Enge der Gänge nur noch an der Breite des Straßenpflasters zu erkennen, die originalgetreu restaurierten Fachwerkhäuschen aus dem 18. und 19. Jh. (Nr. 49 bis Nr. 58) geben aber noch einen Eindruck vom Leben in diesen Vierteln: je eine Tür führt in die *Bude*, den Wohnraum im Erdgeschoss des Hauses. Die mittlere Tür führt über eine Treppe hinauf zum *Sahl*, dem Wohnraum im Obergeschoss. Oft wohnte eine ganze Familie in nur einem Wohnraum. Das Haus Nr. 49/50 aus der Mitte des 17. Jh. ist das älteste erhaltene Wohnhaus in der Neustadt.

Deutlich lebhafter geht es im Block südlich des Valentinskamps zu. 2009 bezogen Künstler die leerstehenden und zum Abriss freigegebenen Häuser und richteten hier ihre Ateliers ein. Mit ihrer Forderung nach einem ›Recht auf Stadt‹ trafen sie angesichts rapide steigender Mietpreise auf breite Zustimmung. Schließlich blieb dem Stadtrat nichts anderes übrig, als die Gebäude vom Investor zurückzukaufen. Seither ziehen Konzerte, Vernissagen und Diskussionsrunden ein buntes, eher alternatives Publikum an.

47 Johannes-Brahms-Platz und Sievekingplatz

Repräsentative Bauten der Stadt.

U 2 Messehallen

Mit dem Wachsen Hamburgs zur modernen Großstadt erlangte das Gebiet entlang des *Wallrings* seine Bedeutung. 1904–08 wurde am Johannes-Brahms-Platz das *Konzerthaus Laeiszhalle* (Nr. 20, www.laeiszhalle.de) errichtet. Finanziert wurde es von der Reederfamilie Laeisz. Architekten waren Martin Haller und Wilhelm Emil Meerwein. Im Obergeschoss befindet sich ein Brahms-Denkmal von Max Klinger (1909).

Das *Brahms-Kontor* (Nr. 1) befindet sich im Besitz der Gewerkschaft Ver.di. Es wurde 1904 von Lundt & Kallmorgen für den Deutschnationalen Handlungsgehilfen-Verband (DHV) errichtet. 1929–31 erfolgte eine Erweiterung durch die Architekten

Sckopp & Vortmann auf acht Geschosse. Vorübergehend war es damit das höchste Gebäude der Stadt. Die dunkle Backsteinfassade wird von einer Figurenreihe heroischer Jünglinge und einem Elefantenreiter geschmückt.

Der nahe **Sievekingplatz** ist benannt nach dem Oberlandesgerichtspräsidenten Friedrich Sieveking, Spross einer der führenden Hamburger Kaufmannsfamilien. Geschmückt wird er von einer Brunnenanlage aus dem Jahr 1912 (Arthur Bock), deren Figurenschmuck Allegorien der Industrie und Seefahrt sowie der Hansestädte Hamburg, Lübeck und Bremen darstellt.

Wie der Beruf des Namensgebers schon andeutet, bildet der Sievekingplatz das Hamburger Justizforum. Ihn rahmen das im Renaissancestil erbaute *Strafjustiz-Gebäude* (1879–82, Carl Johann Zimmermann und Fritz Schumacher), das *Ziviljustizgebäude* (1898–1903, Carl Johann Zimmermann, Fritz Schumacher) und im Zentrum des Platzes das *Hanseatische Oberlandesgericht*. Der mächtige Kuppelbau wurde 1907 bis 1912 von Lundt & Kallmorgen errichtet. In der Grünanlage neben dem Justizgebäude steht ein Reiterdenkmal Kaiser Wilhelms I.

Westlich des Justizforums, zwischen Feldstraße und Karolinenstraße, liegt das **Karo-Viertel**, ein Szeneviertel mit kleinen Boutiquen und Lokalen. Haupteinkaufsmeile ist die Marktstraße.

48 Museum für Hamburgische Geschichte

 Hamburgs Historie, abwechslungsreich und verständlich aufbereitet.

Holstenwall 24
Tel. 040/42 81 32 23 80
www.hamburgmuseum.de
Di–Sa 10–17, So 10–18 Uhr
U 3 St. Pauli, Bus 112 Hamburgmuseum

Im Besichtigungsprogramm nicht fehlen sollte das Museum für Hamburgische Geschichte, das mit seinen Exponaten einen hervorragenden Einstieg in die geschichtliche Erkundung der Stadt bietet. Das Backsteingebäude wurde nach Plänen von Fritz Schumacher 1913–1922 errichtet. Die Einrichtung des Museums geht zurück auf den Verein für Hamburgische Geschichte, der bereits seit 1839 hamburgische Altertümer sammelte.

Untergeschoss und Erdgeschoss präsentieren Hamburgs Geschichte im 20. Jh. Die Jahre um 1900 waren in Hamburg von gewaltigen sozialen Umwälzungen geprägt. Wirtschaft und Bevölke-

Spacig-spannende Zeitreise durch die Hansestadt im Museum für Hamburgische Geschichte

rung wuchsen, die Hansestadt war vom von Wilhelm II. betriebenen Ausbau der Marine begeistert. Die Folgen deutscher Großmannssucht für Hamburg werden durch Exponate zum Hungerwinter und dem Flüchlingselend nach Erstem und Zweitem Weltkrieg sowie den Luftangriffen der Alliierten anschaulich gemacht. Auch die Vernichtung der lebendigen jüdischen Gemeinde Hamburgs durch die Nazis wird thematisiert. Anschließend geht es um die Jahre des Wirtschaftswunders und die aktuelle Entwicklung Hamburgs seit der Jahrtausendwende.

Der erste Stock umspannt die Zeit vom Mittelalter bis ins 19. Jh. Neben einem Modell des Alsterhafens um 1500 sind Teile des Lettners (14. Jh.) sowie eine Steinmadonna (15. Jh.) aus dem 1804 abgerissenen Mariendom zu sehen. ›Hafen und Schifffahrt‹ dokumentiert anhand zahlreicher Schiffs- und Hafenmodelle die Entwicklung der Schifffahrt von 1650 bis heute. Die Abteilung ›Aufbruch in die Moderne‹ informiert über den verheerenden Brand von 1842, den Überseehandel und die Auswanderung über den Hamburger Hafen. Der zweite Stock widmet sich der Geschichte der Juden in Hamburg, stellt barocke Wohnräume vor und beherbergt eine Eisenbahnmodellanlage (Vorführungen Di–So 11, 12, 14 und 15 Uhr) der Strecke Hamburger Hauptbahnhof/Bahnhof Hamburg-Harburg.

Das aus dem 17. Jh. stammende Südportal der Petrikirche [s. S. 29], das bereits von Fritz Schumacher ins Museum überführt worden war, führt heute in den mit Glas überwölbten *Innenhof* des Museums. Dort finden regelmäßig Sonderausstellungen und Konzerte statt.

Nach der Besichtigung bietet sich ein Abstecher in das **Café Fées** (Tel. 040/ 317 47 66, www.fees-hamburg.de, Mo geschl.) an. Jung und Alt treffen sich in diesem gemütlichen Kult-Kaffeehaus, das dem Museum angeschlossen ist.

49 Peterstraße und Neanderstraße

Reminiszenz an Hamburger Kaufmannsherrlichkeit.

www.carltoepferstiftung.de
U 3 St. Pauli

Alt-Hamburger Kaufmannshäusern säumen die **Peterstraße**. Allerdings handelt es sich bei ihnen nicht um die Originalbebauung. Vielmehr ließ der Hamburger Kaufmann und Mäzen Alfred C. Toepfer (1894–1993) die Backstein- und Fachwerkhäuser mit ihren prunkvollen barocken Fassaden 1966–82 errichten, um den Hamburgern einen Eindruck vom Antlitz ihrer Stadt im 18. Jh. zu vermitteln.

Den Anstoß zu diesem ungewöhnlichen Projekt gab der damalige Erste Bürgermeister Herbert Weichmann. Er bat Carl Toepfer, das 1751 erbaute **Beylingstift** zu sanieren – der Stadt fehlten dafür die Mittel. Im Obergeschoss des Stiftes ist nun das *Johannes-Brahms-Museum* (Peterstraße 39, Tel. 040/41 91 30 86, www. brahms-hamburg.de, Di–So 10–17) untergebracht. Der Komponist (1833–1897) wurde in der nahe gelegenen Speckstraße geboren. In den Räumen des Museums sind *Originalpartituren* ausgestellt sowie Fotos, Schriftstücke und Konzertprogramme. Außerdem steht eine umfangreiche Präsenzbibliothek zur Verfügung. Auch an den Komponisten *Georg Friedrich Telemann* (1681–1767), der in Hamburg als Musikdirektor wirkte, erinnert eine Schau (Tel. 040/87 60 40 22, www.telemann-hamburg.de, Di, Do, Sa/ So 10–17 Uhr) im Stift.

In der **Neanderstraße**, im 19. Jh. ein wichtiges Handelszentrum der jüdischen Bevölkerung, stehen weitere Häuser im historischen Stil. **Nr. 22** ist die – allerdings nicht originalgetreue – Nachbildung des Paradieshofes aus dem Alten Steinweg (s. u.).

50 Großneumarkt

Kleinstadtleben und Kneipenszene.

S 1, S 3 Stadthausbrücke

Seit dem 17. Jh. bildet der Großneumarkt das Herz der nördlichen Neustadt. Restaurants und Bars haben viele der Häuser am Platz bezogen, so auch das **Hertz-Joseph-Levy-Stift** (Nr. 56/57). Das 1906 errichtete Gebäude diente ursprünglich bedürftigen Juden als Unterkunft. Auch das **Fachwerkgiebelhaus** (Ecke Thielbeck) aus dem späten 18. Jh. beherbergt heute ein Restaurant.

Einen Eindruck vom Hamburg an der Wende zum 20. Jh. erhält man in der Seitenstraße **Brüderstraße**, die von den Brüdern Friedrich Hermann und Ernst Wex 1876 als Privatweg angelegt wurde. Eine Besichtigung wert ist auch die ähnlich gestaltete, ebenfalls 1876 angelegte

Barocke Bürgerhäuser säumen die Peterstraße – zwar keine Originale, aber trotzdem schön

Wexstraße mit ihren kleinen Läden und Kneipen. Eines der in Hamburg seltenen Barockhäuser, der **Paradieshof**, steht am Alten Steinweg. Das Gebäude wurde 1762 als Mietshaus errichtet.

51 Fleetinsel

Fleetromantik zwischen modernen Cityhäusern und alten Kontoren.

S 1, S 3 Stadthausbrücke

Herrengrabenfleet und Alsterfleet fassen die Fleetinsel ein, auf der man auf viele Galerien und künstlerische Fachbuchhandlungen stößt. Straßencafés verleihen ihr im Sommer ein fast südländisches Flair. Jedes Jahr im Juli findet hier zudem das **Duckstein-Festival** (www.duckstein-festival.de) mit Musik, Straßentheater, Comedy und Artistik statt.

Entlang der **Admiralitätstraße**, die die Fleetinsel durchzieht, überstanden einige Kontorhäuser aus dem 18. und 19. Jh. die Bombennächte des Zweiten Weltkriegs. Auf ihrer Rückseite, zum Herrengrabenfleet hin, schließen sich die Speicher der Kaufleute an. Die Waren wurden damals über das Wasser angeliefert und mithilfe von Kränen in die Häuser transportiert. Bemerkenswert sind das im klassizistischen Stil errichtete Wohnhaus Admiralitätstraße **Nr. 76** mit dem 1896 erbauten Speicher, ebenso das Geschäftshaus **Nr. 74** mit einem 1787 erbauten Speicher sowie das Kontorhaus **Nr. 72** (1889/90). Einen guten Blick auf die

Angelito und Michel – Osterinsel-Moai aus Hamburg am Schaarmarkt vor St. Michaelis

Bereits 1649–61 errichteten Christoph Corbinus und Peter Marquardt an gleicher Stelle eine dreischiffige Basilika, der Turm wurde 1669 fertig gestellt. 1750 zerstörte ein Blitzschlag das Gotteshaus, nur die Kleine St.-Michaelis-Kirche blieb bestehen. Den Neubau 1750–62 führte Ernst Georg Sonnin durch. Er entwarf zusammen mit Johann Leonhard Prey eine barocke *Predigtkirche in Kreuzform*, in der von jedem Platz aus die Kanzel zu sehen war. Ein neuer *Turm* kam 1776–86 dazu. Doch 1906 zerstörte ein Brand auch dieses Gebäude, das 1907–12 originalgetreu wieder aufgebaut wurde.

Durch das barocke Hauptportal betreten Besucher den beeindruckenden, in Weiß, Grau und Gold gehaltenen Innenraum der Kirche, in dem 3000 Menschen Platz finden. Der hohe Raum wird von einer freitragenden Decke, überfangen. Formschöne Emporen rahmen das Kirchenschiff. Dessen Blickfang ist der 20 m hohe, marmorne Altar. Ebenso aus Marmor sind der 1763 errichtete Taufstein sowie die Kanzel. Der barocke Gotteskasten am Eingang, ein Spendenkasten für die Armen, wurde von Baumeister Sonnin 1763 gestiftet. Es ist neben dem Taufstein

Speicher hat man von der Michaelisbrücke über den Herrengrabenfleet.

Unmittelbar neben der Brücke steht das **Neidlingerhaus** (Michaelisbrücke 1), das Johannes Grotjan 1885/86 erbaute. Das Geschäftshaus ziert eine *Neorenaissance-Fassade*. Zu den Gebäuden neueren Datums zählen das 5-Sterne-Hotel **Steigenberger** und das **Deutsch-Japanische Zentrum**.

52 St. Michaelis

 Die wohl schönste Barockkirche Norddeutschlands.

Englische Planke 1
Tel. 040/37 67 80
www.st-michaelis.de
Mai–Okt. tgl. 9–19.30,
Nov.–April tgl. 10–17.30 Uhr
Konzerte: www.michel-musik.de
S 3 Stadthausbrücke, U 3 Baumwall
Bus 37 Michaeliskirche

Eines der Wahrzeichen der Hansestadt ist die Hauptkirche St. Michaelis, von den Hamburgern kurz Michel genannt. Sie gilt als die schönste Barockkirche in Norddeutschland.

das einzige erhaltene Stück aus der Zeit vor dem Brand 1906. Unter ihrem niedrigen Gewölbe beherbergt die **Krypta** eine Ausstellung zur Geschichte von Hamburgs fünf Hauptkirchen.

Ein Ohrenschmaus sind die **Orgelkonzerte auf der** *Steinmeyer-Orgel* (1960–62, 86 Register), die mit der Marcussen-Konzertorgel (1912–14, 22 Register) zu einem einzigartigen Klangkörper verbunden ist.

Einen Gang auf den Michel, den 132,14 m hohen **Kirchturm**, sollte man keinesfalls verpassen. Die Aussichtsplattform in 82,54 m Höhe bietet einen herrlichen Blick auf die Elbe, die Hafenanlagen und den Rest von Hamburg. Innen informiert eine *Multivisions-Show* über die Geschichte Hamburgs. Wer gut zu Fuß ist, kann die 449 Stufen hinaufsteigen. Ansonsten steht auch ein Fahrstuhl bereit. Werktags um 10 und 21 Uhr, sonn- und feiertags um 12 Uhr, bläst ein Türmer hoch oben in alle Himmelsrichtungen einen Choral – und folgt damit einer rund 300-jährigen Tradition.

Schwungvolle barocke Rundungen kennzeichnen den prächtigen Innenraum von St.Michaelis

53 Krameramtsstuben

 Romantisches Alt-Hamburg, einst Heimstatt von Krämerwitwen.

Krayenkamp 10
tgl. 10–22 Uhr
S 3 Stadthausbrücke

Gegenüber vom Michel, hinter dem Eingang von Haus Krayenkamp Nr. 10, befindet sich eine kleine Wohnhofanlage, die 1676 errichteten Krameramtswohnungen oder -stuben. Diese fünf zweistöckige **Fachwerkhäuschen** sind die letzten ihrer Art in Hamburg und verkörpern ein Stück althamburgischer Geschichte. In ihnen wohnten die Witwen der Krämer. Die Häuser A, M und N stammen wahrscheinlich bereits aus dem Jahr 1620. Heute findet man in den Krameramtsstuben neben einer Buchhandlung, einer Galerie und gemütlichen Restaurants das **Museum Krameramtsstuben** (Tel. 040/37 50 19 88, www.hamburgmuseum.de April–Okt. Di–So 10–17 Uhr), in dem eine historische Witwenwohnung mit Möbeln aus der Zeit um 1850 zu sehen ist. Die ›gute Stube‹ der alten Damen befand sich im Obergeschoss.

Die vielen Gesichter von St. Georg: Kirchen, Künstler, Kneipen

Knapp 17 000 Einwohner aus mehr als 100 Nationen leben in St. Georg. Sie schätzen die Vielfalt, die ihnen dieser Stadtteil bietet: Dönerläden und Eckkneipen gibt es hier ebenso wie schicke Restaurants und hippe Bars, **Prachtbauten** stehen an der Kirchenallee und an der Alster, **Bürgerhäuser** in der Langen Reihe und rund um den Hansaplatz. Zur Vielfalt St. Georgs gehören freilich auch soziale Gegensätze: Neureiche Yuppies leben hier ebenso wie Sozialhilfeempfänger, modisch gekleidete Hanseaten schlendern vorbei an Drogenabhängigen und Prostituierten am Straßenrand. Auch die Sex-Shops, für die St. Georg bekannt ist, sind noch allenthalben zu finden.

Zwischen Außenalster im Nordwesten und Hammerbrook im Südosten gelegen, ist St. Georg der älteste Hamburger Stadtteil außerhalb des alten Befestigungsrings. Hierher verlegten die Hamburger, was ihnen innerhalb ihres Schutzwalles nicht ganz geheuer war: ein Hospital für die Leprakranken mit der St.-Georgs-Kapelle (um 1220), den Galgen (um 1500), den Pestfriedhof (1564) oder auch manch feuergefährliches Gebäude wie den Pulverturm. St. Georg blühte Ende des 19. Jh. auf: Handwerkerhäuser und erste Wohnblocks entstanden, das **Deutsche Schauspielhaus** wurde im Jahr 1900 eröffnet, und prachtvolle Hotels wie das **Kempinski Hotel Atlantic** locken zahlungskräftige Besucher an.

St. Georg, Kirchenallee – Prachtbauten, Deutsches Schauspielhaus, Hauptbahnhof (v. l. n. r.)

Die Straßen von St. Georg laden zum Bummeln ein, nette Cafés zu einer erholsamen Pause

54 Hauptbahnhof

Zugfahren und Einkaufen: Leben am Hamburger Hauptbahnhof.

Kirchenallee/Steindamm/Steintorwall
Alle U- und S-Bahnlinien

Der Bau des Hauptbahnhofs symbolisierte Hamburgs Aufbruch ins 20. Jh. Der neue Schienenknotenpunkt auf dem Gelände des einstigen Stadtwalls ersetzte 1906 die Bahnhöfe der Berliner, der Hannoverschen sowie der Lübecker Bahn und reduzierte so die Umsteigezeiten für Reisende erheblich – eine neue Epoche der Mobilität war angebrochen.

Die 73 m überspannende zentrale Bahnhofshalle ist der *Halle des Machines*

Neobarockes Theaterflair verströmt das Deutsche Schauspielhaus neben dem Hauptbahnhof

auf der Pariser Weltausstellung von 1900 nachempfunden. Die 35 m hohe und 150 m x 120 m breite, frei tragende Konstruktion aus Glas und Stahl wird eingerahmt von zwei Seitenschiffen und überspannt sechs Gleispaare sowie fünf Bahnsteige. Der Hauptbahnhof stellt einen der bedeutendsten Knotenpunkte im nordeuropäischen Eisenbahnnetz dar – täglich verlassen mehr als 600 Fernzüge die Stadt.

Die Wandelhalle macht den Hauptbahnhof zu einem beliebten Treffpunkt nicht nur für Reisende. Denn in der zweistöckigen Geschäftspassage aus Stahl, Glas und Klinker verwöhnen internationale Spezialitäten-Imbissen den Gaumen. Wie die übrigen Geschäfte sind sie täglich von 6 bis 23 Uhr geöffnet.

In unmittelbarer Nähe verweisen die Hotels **Fürst Bismarck** (Kirchenallee Nr. 49), **Kronprinz** (Nr. 46) und **Reichshof** (Nr. 34–36) auf die ehrgeizigen Stadtentwicklungspläne um den Bau des Hauptbahnhofes. Der Reichshof etwa war bei seiner Eröffnung im Jahr 1910 das größte Hotel Deutschlands. Noch heute zeigt das Haus die prachtvolle Innendekoration aus dieser Zeit.

55 Deutsches Schauspielhaus

 TOP TIPP *Ambitioniertes Theater in einem reich geschmückten Traditionsbau.*

Kirchenallee 39
Tel. 040/24 87 13 (Kartenservice)
www.schauspielhaus.de
U 2 Hauptbahnhof

Inmitten all der nüchternen Handelskontore Hamburgs überrascht die reich dekorierte Fassade des Deutschen Schauspielhauses. Die Architekten Ferdinand Fellner und Hermann Helmer, Schöpfer des nicht minder üppig ausgefallenen Wiener Volkstheaters, zeichneten für den 1900 eingeweihten Musentempel verantwortlich.

Zwischen den hohen Fenstern zur Straße feiern Büsten von Goethe und Schiller, Lessing und Kleist deutsche Dramatiker, für eine internationale Note sorgen Shakespeare und Grillparzer. Bekrönt wird die Vorderfront von allegorischen Skulpturen der Musen.

Die Aufführungen im Deutschen Schauspielhaus sorgten immer wieder für Schlagzeilen, was nicht zuletzt an den

Intendanten lag. *Gustaf Gründgens* führte das Haus 1955–63 und machte es zu einer der führenden Sprechbühnen im deutschsprachigen Raum. In den 1980er-Jahren sorgte *Peter Zadek* für Begeisterung. 2013 übernimmt mit Karin Beier eine Künstlerin die Intendanz, der Gegenwartsbezug und multikulturelle Ausrichtung des Spielplans besonders am Herzen liegen.

56 Ohnsorg-Theater

Komödien op Platt in der wohl liebenswertesten Bühne Hamburgs.

Heidi-Kabel-Platz 1
www.ohnsorg.de
Tel. 040/35 08 03 21
S 1, S 3, U 2 Hauptbahnhof

Das Bieberhaus, ein einstiges Kontorhaus (1908–10), ist die Spielstätte des Ohnsorg-Theaters. Fernsehübertragungen und ausgedehnte Tourneereisen begründeten den Ruhm von Hamburgs bedeutendster niederdeutscher Volksstück-Bühne. Unvergessene Protagonistin vieler Aufführungen ist Heidi Kabel (1914–2010). 66 Jahre lang stand sie auf der Bühne des 1902 von Richard Ohnsorg gegründeten Hauses. Ein Denkmal der legendären Volksschauspielerin ziert den Platz vor dem Eingang.

57 Dreieinigkeitskirche

Kirchenneubau mit historisierendem Turm.

St. Georgs Kirchhof
S 1, S 3, U 2 Hauptbahnhof

Die Dreieinigkeitskirche markiert das historische Zentrum des Stadtteils St. Georg. Um das Jahr 1220 hatte Graf Adolf III. hier ein Lepra-Hospital gestiftet, dessen Kapelle man dem hl. Georg weihte. 1743–47 entstand an dieser Stelle die spätbarocke Kirche der Heiligen Dreieinigkeit mit ihren über 1000 Sitzplätzen. Sie waren auch nötig, hatten sich doch rund um das Hospital mittlerweile Handwerker angesiedelt, eine Vorstadt war entstanden.

1943 schwer zerstört, wurde das Kirchenschiff der Dreieinigkeitskirche von 1954 bis 1957 nach Plänen von Heinz Graaf mit betont schlichtem Innenausbau neu errichtet. Einzig der 67 m hohe **Kirchturm**, den die Figur des hl. Georg krönte, wurde 1959–61 im alten Stil wiederhergestellt. In der *Turmkapelle* findet sich eine bronzene Kreuzigungsgruppe aus der Zeit um das Jahr 1500. Sie stand einst an dem Kreuzweg, der vom Mariendom im Stadtzentrum zum Siechenhaus des St.-Georg-Hospitals führte. Vor der Kirche ragt eine *Statue des hl. Georg mit Drachen* (Gerhard Marcks, 1958) auf.

Gotteshaus im Wohnblockrund – um die Dreieinigkeitskirche wuchs der Stadtteil St. Georg

58 Kempinski Hotel Atlantic

 Ein Hotel vom Feinsten im ›Edelviertel‹ von St. Georg.

An der Alster 72–77
www.kempinski.atlantic.de
S 1, S 3, U 2 Hauptbahnhof

Prächtig hebt sich die schneeweiße Fassade des Kempinski Hotel Atlantic (erbaut 1907–09) gegen das Blau der Alster ab. Wahrzeichen des Hotels ist die Welt-

Der ›Blonde Hans‹

Vater Albers hatte es durch eine Großschlachterei zu beträchtlichem Wohlstand gebracht. Umso ärgerlicher war er darüber, dass sein Sohn nicht Kaufmann werden wollte. Der Schule verwiesen, versuchte sich Hans Albers zunächst auf mehreren Lehrstellen, bevor er ohne Wissen seines Vaters eine Ausbildung als Schauspieler absolvierte. Fürchterliche Kritiken für die ersten Auftritte in Provinztheatern sowie mehr als 100 Stummfilmrollen musste Albers hinter sich bringen, bis ihm mit dem Tonfilm der große Durchbruch gelang. Mit Filmen wie ›Große Freiheit Nr. 7‹ (1944) wurde der Hüne zum ›Blonden Hans‹, zum Darsteller des typischen Seemanns, in dessen blauen Augen alle nur denkbare Sehnsucht und das gewisse Fernweh lag.

kugel auf dem Dach, an deren Sockel zwei Karyatiden lehnen. Dass die Hotelfassade Elemente der Neorenaissance zeigt und bei Architekten schon zu Bauzeiten als unmodern galt, dürfte kaum einen der illustren Gäste stören. Schon gar nicht Dauer-Gast und Panik-Rocker Udo Lindenberg, der seit 1995 eine Suite im Atlantic sein Zuhause nennt. Vor ihm logierte auch Hans Albers während seiner Hamburg-Aufenthalte im Kempinski und genoss den Ausblick auf die Anleger der Außenalster – dort hatte der berühmteste St. Georgianer als Junge gearbeitet.

59 Lange Reihe

Schlendermeile mit kleinen Geschäften.

S 1, S 3, U 2 Hauptbahnhof

Häuser aus der Gründerzeit einerseits und moderne Glasfassaden andererseits, ausgefallene und alteingesessene Geschäfte ebenso wie Szenekneipen prägen die Lange Reihe. Unter den Gebäuden entlang der Straße fällt zunächst der **Handelshof** (Nr. 29) auf, der 1913/14 nach Plänen des Architekten Fritz Höger errichtet wurde. Höger führte in Hamburg die Klinkerbauweise ein. Die schöne **St. Georg Apotheke** (Nr. 39) stammt aus der Mitte des 19. Jahrhunderts.

Besonders der Bau Lange Reihe **Nr. 71** besticht durch seine schmuckreiche Fassade aus der Gründerzeit. Eine Gedenkta-

›Weißes Schloss an der Alster‹ wird das
Kempinski Hotel Atlantic auch genannt

der Stadt übernommen hatte. Was folgte,
war ein frühes Beispiel für Gentrifizie-
rung: Die bis dato hier ansässigen Handwerker wurden vertrieben, wohlhabende
Hamburger zogen anschließend in die
neu errichteten Häuser. Diese Altbauten
machen die Gegend um den Hansaplatz
auch heute wieder zu einer der ge-
suchten Wohnadressen Hamburgs.

Im Zentrum des Hansaplatzes steht
der von Engelbert Peiffer geschaffene
Hansabrunnen, der 1888 eingeweiht
wurde. Ihn krönt das steinerne Standbild
der Hammonia, das die Stadt Hamburg
personifiziert und an die große Geschichte der Hanse erinnern soll, jenen in der
glorifizierenden Erinnerung strahlenden
Städtebund.

Entlang des nahen **Steindamms** stößt
man auf das halbseidene St. Georg, hier
gibt es noch einige Spielhallen, Porno-
shops, Stundenhotels, in Hamburg ›Stei-
gen‹ genannt, und Amüsierbetriebe. Daneben sind aber auch viele exotische
Geschäfte und Lebensmittelhändler vertreten, die dem Steindamm ein buntes,
internationales Flair verleihen. Am Steindamm 45 verbreitet zudem das Kabarett
Polittbüro (www.polittbuero.de) unter
Leitung von Lisa Politt gute Laune.

*In Gestalt der Hammonia gibt sich die Stadt
Hamburg auf dem Hansabrunnen göttlich*

fel erinnert an den wohl berühmtesten
Sohn St. Georgs, **Hans Albers** (1891–1960).
Der Schauspieler wurde hier am 22. September 1891 als Sohn des Schlachters
Wilhelm Albers und seiner Frau Johanna
geboren. Der Durchgang beim Haus Lange Reihe **Nr. 75** führt nicht nur zu einer
sehenswerten, weil für das Viertel charak-
teristi-schen Hinterhausbebauung. Er
führt auch in das *Haus für Kunst und
Handwerk* (Koppel 66, www.koppel66.
de), das 1924 als Maschinenfabrik erbaut
wurde. 1981 zogen in die freie gewordenen Hallen dann Werkstätten und Läden von Kunsthandwerkern ein.

60 Hansaplatz

*Gründerzeitliche Wohnhäuser
rahmen das Herz St. Georgs.*

S 1, S 3, U 2 Hauptbahnhof

Kleine Cafés und Läden machen den Reiz
des Hansaplatzes aus. Seit er als Fußgängerzone ausgewiesen ist und von Video-
kameras überwacht wird, hat er sich zu
einem angenehmen Aufenthaltsort gewandelt – die Zeiten der offenen Dro-
genszene, wie sie in den 1990er-Jahren
bestand, sind vorbei.

Umstanden wird der Platz von nüchternen Backsteinhäusern aus der Nach-
kriegszeit sowie von repräsentativen
Gründerzeitbauten. Errichtet wurden
letztere von der *Hanseatischen Baugesell-
schaft*, die das ehedem als **Borgesch** bekannte Viertel in den 1870er-Jahren von

Mythos St. Pauli:
ein Rotlichtviertel im ewigen Aufschwung

St. Pauli, das sind **Reeperbahn** und **Große Freiheit**, das sind die Sexclubs und sündige Meile – so will es zumindest das Klischee. Tatsächlich war St. Pauli, im Volksmund *St. Liederlich* genannt, in seinen Anfängen eine Art Niemandsland vor der Stadtmauer. Handwerker durften hier ohne Zunftzwang ihrem Gewerbe nachgehen, woran die Straßennamen Große Freiheit und Kleine Freiheit erinnern. Auf der Reeperbahn drehten die Seiler, hier Reepschläger genannt, Taue und Seile für die Segelschiffe. Und der *Spielbudenplatz* entstand um das Jahr 1800 tatsächlich als Bühne für allerlei Vergnügungen, die damals innerhalb der hamburgischen Stadtmauern nicht geduldet wurden.

Ab 1814, nach der französischen Besatzung, fanden viele Arbeiter in St. Pauli hafennahe Wohnungen. Mit dem Aufkommen der Dampfschifffahrt wandelten sich die hafennahen Bereiche dann zum **Vergnügungsviertel der Seeleute** mit Kneipen, Stimmungslokalen und den obligaten leichten Mädchen. Doch erst ab Mitte der 1960er-Jahre entwickelte sich die berühmt-berüchtigte Sexmeile. Statt Seeleuten kamen immer mehr Touristen. Heute gibt es auf dem Kiez zwar noch immer Sexkinos und Tabledance-Bars, doch daneben auch zahlreiche Clubs und Diskotheken, denen nichts Anrüchiges mehr anhaftet. Auch **Theater** wie ›Schmidts Tivoli‹ oder **Musical-Spielstätten** wie das Operettenhaus haben sich hier angesiedelt. Ein Angebot, aus dem sich jeder Besucher das Passende heraussuchen kann.

Und ewig lockt die Reeperbahn – Hamburgs ›sündige Meile‹ preist sich ohne Unterlass an

Amüsement neben der Reeperbahn: Operettenhaus und Panoptikum am Spielbudenplatz

61 Reeperbahn

TOP TIPP

Die ›sündigste‹ Vergnügungsmeile Deutschlands.

U 3 St. Pauli,
S 1, S 3 Reeperbahn

Nur dem Namen nach erinnert die **Amüsiermeile** noch an die Reepschläger, also die Seilmacher, die hier am Hafen einst ihrer Arbeit nachgingen. Einst verrufen, ist die Reeperbahn doch eine der sichersten Straßen der Stadt, da sowohl die Polizei als auch das Milieu dafür sorgen, dass die Touristen sich ungestört amüsieren können – und dabei ordentlich Geld ausgeben.

›Geile Meile‹ hat Sänger Udo Lindenberg die Reeperbahn besungen und ihrem Rotlicht-Ruf wird die wohl bekannteste Straße Hamburgs noch immer gerecht, wenngleich die Reeperbahn auch eine der ersten Adressen für angesagte Bars und Tanzschuppen ist. Viele Sexkinos, Sexclubs und Tabledance-Bars säumen die Reeperbahn und vor den Türen versuchen die *Koberer*, Passanten mit flotten Sprüchen in ihre Etablissements zu locken. Eine der beliebtesten themenbezogenen Stadtteilführungen Hamburgs führt hierher: Die **Hurentour** (www.hurentour.de) ist eine Reise in die Welt der Prostitution. Die etwa zweistündige Wanderung über den Hamburger

Kiez schließt auch den Besuch eines Sexshops ein. Das jüngere Reeperbahn-Publikum trifft sich in Clubs und Diskotheken wie dem **Tunnel Club** (Hans-Albers-Platz), im **Neidclub** (Reeperbahn 25), in der **China Lounge** (Nobistor 14) oder im **Herzblut St. Pauli** (Reeperbahn 50). Unter die Erde gegangen ist der **Mojo Club** (Reeperbahn 1): Nachts öffnet sich

Eine bunt erleuchtete Bühne vor dem Café Keese macht die Nacht vollends zum Tage

im Asphalt am Fuß des Tanzenden Türme, zweier Hochhäuser am Beginn der Reeperbahn, der Einstieg zu dieser Disko der Extraklasse. Anspruchsvolle Gaumen steuern **Gosch's** an, das Lokal des Sylter Fischhändlers Jürgen Gosch im ehemaligen Café Keese.

Eine echte Kult-Kneipe ist der etwas versteckt im Hinterhof liegende Prominenten- und Boxer-Treff **Zur Ritze** (Reeperbahn 142). Die berühmten gespreizten Frauenbeine links und rechts vom Eingang stammen von Kiez-Maler Erwin Ross (1926–2010), der unzählige Etablissements und Fassaden mit seinen Pin-up-Girls verziert hat. Das **Pulverfass** (Reeperbahn 147, www.pulverfasscabaret.de), ein legendäres Travestie-Cabaret, unterhält seine Zuschauer mit Starparodien, Comedy und Gesang. Fester Bestandteil jeder Show sind die Crazy Boys, bei deren Strip-Vorführungen der Eigenwerbung zufolge »nichts verborgen bleibt«.

In den Seitenstraßen der Reeperbahn, z. B. am Hamburger Berg, mischen sich Sexkinos und Kneipen, in denen mancher Gast Vergessen sucht. Ebenso findet man dort **Szenetreffs** wie das Roschinsky's (Nr. 19), das Ex-Sparr (Nr. 4), Rosi's Bar (Nr. 7) oder die Barbarabar (Nr. 11), die zwar nicht unbedingt als besonders schick gelten, aber umso angesagter sind.

Hinter dem Feuerschiff bringt das Zubringerboot Musicalbesucher zum Theater im Hafen

Gut gebrüllt, Löwe!

Hamburg ist die Musicalmetropole Deutschlands. Gerade bei Großproduktionen kann ihr niemand das Wasser reichen. Gegenüber von den Landungsbrücken, im Theater im Hafen, bricht Disneys **Der König der Löwen** mit der Musik von Elton John und Tim Rice alle Besucherrekorde. Schon die Anfahrt mit den Shuttle-Schiffen durch den nächtlichen Hafen ist ein Erlebnis.

Tempo, Dynamik und eine bewegende Liebesgeschichte verspricht das Musical **Rocky** auf Basis des gleichnamigen Films mit Sylvester Stallone. Die Wunderwelt des Dschungels wird in der Neuen Flora lebendig, denn hier läuft Disneys Musical **Tarzan** mit Musik von Phil Collins. Ende 2013 folgt eine Wiederauflage des **Phantoms der Oper**.

Aber Hamburg wäre ja nicht Hamburg, wenn das schon alles wäre. Parallel zu den großen Aufführungen hat sich auch eine junge, freche Musical-Szene in der Stadt etabliert, der es an Witz und Professionalität nicht mangelt. Das **Schmidts Tivoli**, das **St. Pauli Theater**, das **Imperial Theater** und seine zweite Spielstätte, das **Royal Theater am Holstenwall**, sind bekannt für ausgeflippte Revuen, originelle Unterhaltungsshows und fetzige Musicals. Das Programm erfährt man aus der Presse.

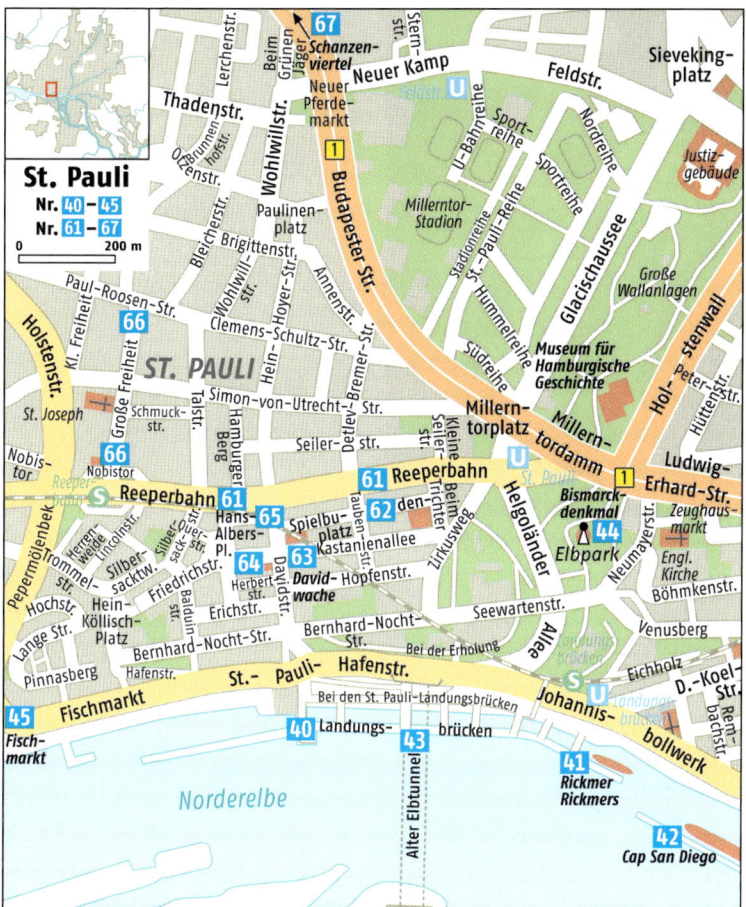

St. Pauli
Nr. 40–45
Nr. 61–67
0   200 m

62 Spielbudenplatz

*Eine Theaterstraße mit Tradition
ist wieder im Aufschwung.*

U 3 St. Pauli,
S 1, S 3 Reeperbahn

Der Name Spielbudenplatz erinnert an
die **Verkaufs- und Amüsierstände**, die
schon Anfang des 19. Jh. die Hamburger
nach St. Pauli lockten. Unterhaltsam geht
es hier auch heute noch zu: Konzerte,
Shows und Festivals werden auf den zwei
großen, mit LED-Installationen beleuchteten Bühnen veranstaltet.

Und wenn unter freiem Himmel einmal nichts geboten ist, dann gibt es noch
die Theater und Varietés rund um den
Platz. So werden internationale Musical-
Produktionen im **Operettenhaus** gezeigt, zurzeit wird Rocky gespielt.

Eine Hamburger Kultur-Institution ist
das **Schmidt Theater** (Nr. 24–25, www.
schmidts.de). Zu den Schmidt-Mitter-
nachtsshows in der Nacht auf Sonntag
versammelt Impresario Corny Littmann
allwöchentlich Klaviervirtuosen, Stand-
Up-Comedians, Jongleure, Feuerspucker
und Travestiekünstler. Nur wenige Meter
weiter läuft in **Schmidts Tivoli** (Nr. 27–28,
www.tivoli.de) das St.-Pauli-Musical *Heiße
Ecke*. Im Obergeschoss unterhält **Angies
Nightclub** (www.angies-nightclub.de)
Nachtschwärmer mit gepflegter Livemusik – Soul, Funk, Pop und Rock.

Das **St. Pauli-Theater** (Nr. 29, www.st-
pauli-theater.de) ist der älteste noch exis-
tierende Theaterbau Hamburgs. Welches
Schmuckstück sich hinter der Fassade
von 1898 verbirgt, wird erst beim Besuch
des Theaters deutlich, das das Interieur
der Gründungsjahre 1840/41 bewahrt.

Fast wie im richtigen Leben – die ›Heiße Ecke‹ ist ein Dauerbrenner in Schmidts Tivoli

Auf dem Programm stehen sowohl volkstümliche Stücke und amüsante Shows als auch anspruchsvolle Stücke klassischer Autoren und zeitgenössischer Dramatiker.

Das **Panoptikum** (Nr. 3, Tel. 040/31 03 17, www.panoptikum.de, Mo–Fr 11– 21, Sa 11– 24, So 10–21 Uhr) bietet ein nicht mehr ganz zeitgemäßes, aber zeitloses Ver-

gnügen. Als es weder Fotos noch Film und Fernsehen gab, waren *Wachsfiguren* die einzige Möglichkeit, den Großen der Welt zu begegnen – gut hundert von ihnen stehen im Panoptikum, darunter die Beatles, Harry Potter, Barack Obama, Robbie Williams, Ex-Papst Benedikt XVI. und Deutschlands einst bekannteste Prostituierte, Anita Niehoff alias Domenica.

In unmittelbarer Nachbarschaft steht das **Docks** (Nr. 19, www.docks.de), eine der ersten Adressen für Konzerte und Parties.

63 Davidwache

Das bekannteste Polizeirevier Deutschlands.

Spielbudenplatz 31
U 3 St. Pauli

Die exponierte Lage an der Hamburger Vergnügungsmeile und die Filme des Hamburger Regisseurs Jürgen Roland haben dem **Polizeirevier** Weltruhm eingebracht. Zum Leidwesen der diensthabenden Beamten. Denn bisweilen kommen Touristen in die Wache, um einfach mal kurz Hallo zu sagen. Dabei haben die Beamten ohnehin alle Hände voll zu tun. Seit 1854 leisten die Ordnungshüter unmittelbar am Spielbudenplatz ihren Dienst. Ein Indiz dafür, dass

Für schmissig-schlaue Songs steht das Publikum vor Schmidts Tivoli gerne mal Schlange

Große Haie, kleine Fische – die Beamten der Davidwache kennen sich aus in ihrem Revier

hier schon zur Mitte des 19. Jh. die bürgerliche Ordnung gesichert werden musste. Die heutige Davidwache aus den Jahren 1913/14 ist ein gutes Beispiel für die Klinkerbauweise, die Fritz Schumacher in Hamburg durchsetzte. Mit ihrem hohen Giebel wirkt die Wache wie ein Hamburger Bürgerhaus. Die Uhr im Erker des Gebäudes zeigt den Feiernden, was die Stunde geschlagen hat.

64 St. Pauli Museum

Kiezgeschichte in bunten Bildern.

Davidstraße 17
Tel. 040/439 20 80
www.st-pauli-museum.com
Di–Do 11–21, Fr/Sa 11–23, So 11–20 Uhr
S 1, S 3 Reeperbahn

Folgt man der Davidstraße, gelangt man zum St. Pauli Museum. Das Kiez-Museum schildert die bewegte Geschichte des Stadtteils mit Fotos und Memorabilia von der Gründung des Klosters St. Pauli im Jahr 1247 bis in die Gegenwart. Dabei erinnert es an Hans Albers, die Beatles, Star-Club und Eros-Center. Auch der Nachlass von Domenica Anita Niehoff (1945–2009) ist im Museum zu sehen. Die Prostituierte setzte sich für die rechtliche Aufwertung ihres Berufsstandes ein und wurde so zur Kiez-Berühmtheit. Später war sie auch als Streetworkerin tätig.

65 Hans-Albers-Platz

Zentrum des alten St. Pauli, das zunehmend auf Vordermann gebracht wird.

S 1, S 3 Reeperbahn

Zahlreiche Kneipen und Lokale, dazu die Sportwagen der Zuhälter und Damen des Gewerbes, am Wochenende Scharen von Feierwütigen aus Nah und Fern – das ist der Hans-Albers-Platz. In seiner Mitte steht eine eigenwillige Skulptur des Schauspielers Hans Albers. Der Künstler Jörg Immendorff (1945–2007) schuf sie aus 1,5 Tonnen Bronze, anschließend schenkte er sie 1986 der Stadt.

Einen weiteren Beitrag zur Attraktivität des Platzes leistete Jörg Immendorff 1984 mit der Eröffnung der Kneipe **La Paloma** (Friedrichstr. 11, www.la-paloma-hh.de). Hier kann man bis in die frühen Morgenstunden bierselig feiern und nebenbei Bilder der Jungen Wilden bewundern. Ebenso alteingesessen – und von Udo Lindenberg besungen – ist das **Mary Lou** auf der gegenüberliegenden Seite des Platzes (Hans-Albers-Platz 3, www.mary-lous.de). Weitere Kneipen verstecken sich in den Hinterhöfen der Häuser in den Seitengassen.

r Touristen ist die nur wenige Hans-Albers-Platz entfernte aße. Zu dieser *Bordellstraße* haben nur Männer über 18 Jahren Zutritt. In den Schaufenstern beiderseits der Gasse bieten Damen ihre Dienste an – wie es heißt, ohne ›männlichen Schutz‹, sprich ohne Zuhälter, der die Einnahmen abkassiert. Der Name Herbertstraße erinnert nicht etwa an einen besonders beliebten Kunden, sondern fügt sich ein in die Namensgebung der umliegenden Straßen. Beim Wiederaufbau des Viertels nach dem von den französischen Besatzern gelegten Brand im Jahr 1814 (General Dovout brauchte freies Schussfeld) wählte man Vornamen als Straßenbezeichnungen.

66 Große Freiheit

Sexmeile mit Rock-Einschlag.

S 1, S 2 Reeperbahn

Wenn es um das Nachtleben geht, ist die Große Freiheit die erste Adresse der Stadt. Hier wird gebummelt, getrunken, gegessen, getanzt, gefeiert und natürlich gestrippt – wenn es auch in Sachen Sex längst nicht mehr so doll zugeht wie in der Vergangenheit. Immerhin lockt das

Dollhouse (Nr. 11), wo nackte Frauen auf den Tischen tanzen. Sogar echte Live-Sex-Shows gibt es noch, etwa im **Safari** (Nr. 24–28).

Bekannt ist die Große Freiheit auch für ihre Diskotheken und Clubs mit Livemusik. Da sind etwa die 1968 eröffnete, älteste Diskothek Hamburgs, das **Grünspan** (Nr. 58), in der auch Rock- und Popkonzerte stattfinden, das legendäre Veranstaltungszentrum **Große Freiheit 36** mit dem dazugehörigen **Kaiserkeller** oder jüngere Clubs wie das **Halo** (Nr. 6), das **Cult** (Nr. 27) oder der **Funky Pussy Club** (Nr. 34), dessen Räumlichkeiten von Studenten der Hamburger Kunsthochschule gestylt wurden.

Bei Schlagermusik sorgt Hamburgs Travestiekünstler **Olivia Jones** in der nach ihm benannten Bar (Nr. 36) für Stimmung. Die Damenwelt bildet die Zielgruppe der Men-Strip-Bar **Olivia's Wilde Jungs** (Nr. 32). Ein buntes Unterhaltungsprogramm bietet schließlich **Olivia's Show Club** (Nr. 27).

In den Musik-Clubs der Großen Freiheit starteten die *Beatles* ihre Weltkarriere. Zwischen 1960 und 1962 hatten sie zahlreiche Konzerte im Kaiserkeller oder im Star Club. Damals entwickelten sie ihren Stil, und hier entstand auch ihre Pilzkopf-Frisur. Mehr über die Beatles auf St.

Farbspiel – der gleichnamige Film mit Hans Albers machte die Große Freiheit Nr. 7 berühmt

Pauli erfährt man bei einer **Beatles-Tour** (April–Juni Sa 19 Uhr, Juli-Okt. Fr/Sa 19 Uhr, Treffpunkt U-Bahn Feldstraße, www.stattreisen-hamburg.de).

Im Tanzlokal **Große Freiheit Nr. 7**, das auch tatsächlich diese Adresse hat, singt noch heute der ›Blonde Hans‹ – wenn auch nur vom Band. Mit dem Hippodrom, in dem Hans Albers im gleichnamigen Film seine Lieder sang, hat diese Kneipe allerdings nur die Anschrift gemein. Der legendäre Streifen ist ohnehin im fernen Prag entstanden, weil sich nur dort während der letzten Kriegsjahre ungestört drehen ließ.

67 Schanzenviertel

TOP TIPP *Alternative und Hipster treffen sich im Szeneviertel Nr. 1.*

S 31, S 21 und U 3 Sternschanze, Bus 115 und 181,

Zum größten Teil gehört das Schanzenviertel zu St. Pauli, umfasst insgesamt aber das Dreieck zwischen dem Neuen Pferdemarkt im Süden, Max-Brauer-Allee

Sehen und gesehen werden lautet das Motto auf dem Schulterblatt im Schanzenviertel

im Westen und Schanzenstraße im Osten. Hauptstraße des Viertels ist das **Schulterblatt**. Um 1700 stand hier das Gasthaus *Zum Schulterblatt*, das als Symbol das Schulterblatt eines Wals führte, da hier damals Hamburgs Walfänger verkehrten.

Das Schanzenviertel ist der wohl widersprüchlichste und kreativste Stadtteil Hamburgs. Nirgendwo sonst in der Stadt findet man so viele angesagte Bars, Restaurants und ausgefallene Boutiquen. Modedesigner, Filmproduktions- und Multimediafirmen lassen sich hier nieder.

Zugleich ist das Schanzenviertel dank der **Roten Flora** (Schulterblatt 71, www.rote-flora.de) die Heimat der linken Subkultur. Das alternative Kulturzentrum entstand Ende der 1980er-Jahre im Varieté-Theater Flora. Aktivisten hatten dessen Umwandlung in eine Musical-Bühne verhindert. Seither finden in dem von Autonomen besetzten Gebäude Diskussionsrunden, Konzerte und ›Kochkollektive für veganes Essen‹ statt.

Altonas herber Charme: von Fischern, Dichtern und Zigarrendrehern

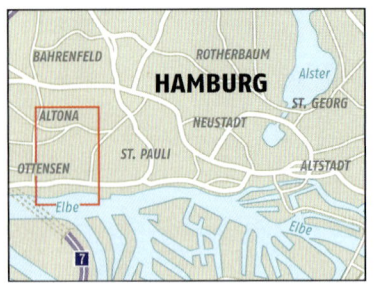

Platz der Republik – Grünfläche, Parkbänke, der Lärm der teilweise vierspurigen Max-Brauer-Allee sinkt auf einen erträglichen Pegel. Hier soll das Zentrum des Hamburger Bezirks Altona sein? Hier soll die Mitte der alten Stadt Altona liegen, die Hamburg in Sachen Seefahrt, Fischerei und Industrie über Jahrhunderte heftige Konkurrenz machte? Die Geschichte Altonas geht bis ins 13. Jh. zurück. Die Chroniken berichten, dass auf dem Gebiet westlich der Stadtgrenze Hamburgs ein Meierhof in ein Kloster umgewandelt wurde. Für das Jahr 1536 ist festgehalten, dass der Gastwirt Joachim von Lohe beim Schauenburger Landesherren um die Genehmigung nachsuchte, Bier zu brauen und in der Gastwirtschaft ›Altona‹ auszuschenken. 1664 erhielt die Stadt, die mittlerweile zum Herrschaftsbereich der dänischen Krone gehörte, Stadtrechte und Zollfreiheit. Das Zentrum Altonas lag am *Nobistor*, das alte Rathaus stand am Rathausmarkt, der in der Königstraße aufgegangen ist. Mit dem Anschluss an Preußen Anfang des 19. Jh. begann der rasante Aufschwung Altonas zur **Industriestadt** mit Hafen. Die Dörfer *Ottensen*, *Othmarschen* und *Bahrenfeld* wurden eingemeindet. Die Einwohnerzahl stieg nochmals an, als die ersten Dampfschiffe in Altona anlegten und die Fisch verarbeitende Industrie aufgebaut wurde. Das alte Stadtzentrum reichte da nicht mehr aus. Mit der Neuordnung der Bahnverhältnisse in Hamburg und in Altona ergab sich dann eine günstige Gelegenheit für die Stadtväter. Mit dem **Altonaer Bahnhof**, dem **Altonaer Rathaus** und dem **Platz der Republik** (seinerzeit Kaiserplatz) schufen sie Ende des 19. Jh. einen neuen Mittelpunkt. 1937 schließlich wurde Altona ein Bezirk der Hansestadt Hamburg.

68 Altonaer Rathaus

Eines der wenigen historischen Gebäude in Altona, mit einem Relief von Ernst Barlach an der Vorderfront.

Platz der Republik
S 1, S 3 Altona

Das Altonaer Rathaus präsentiert sich als mächtiger neoklassizistischer Vierflügelbau. Den Rathausgiebel zum Platz der Republik schmückten Karl Gerbers und Ernst Barlach mit einem **Relief**. Es zeigt ein Schiff, das in bewegter See dahinfährt – Symbol für die Stadt Altona.

Nichts an dem Bauwerk weist darauf hin, dass es ursprünglich als *Dänischer Bahnhof* diente: Gottfried Semper hatte ihn 1844 als Endstation der Altona-Kieler Eisenbahn entworfen. Der stetig wachsende Bahnverkehr machte in den 1890er-Jahren den Bau eines neuen Bahnhofs nötig, gleichzeitig ließen die Stadtväter den Dänischen Bahnhof bis 1898 zum **Neuen Rathaus** umgestalten.

Im gleichen Jahr wurde – in Anwesenheit Kaiser Wilhelm II. – das **Reiterstandbild von Kaiser Wilhelm I.** vor dem Rathaus enthüllt. Die beiden Grazien am Sockel symbolisieren das Herzogtum Schleswig-Holstein, zu dem Altona bis zur Vereinigung mit Hamburg im Jahr 1937 gehörte.

Der Kaiser blickt über den als Grünanlage gestalteten Platz der Republik hinweg. Dort erinnert ein schwarzer Steinblock, *Black Form* genannt, an die Deportation der Altonaer Juden durch die Nationalsozialisten. Der Amerikaner Sol LeWitt schuf dieses Mahnmal.

Am nördlichen Ende des Platzes steht der monumentale *Stuhlmannbrunnen*

(1900). Die Kupferplastik von Paul Türpe stellt zwei Zentauren dar, die sich um einen Fisch streiten – eine Anspielung auf die Konkurrenz der Städte Altona und Hamburg.

69 Altonaer Museum

Die Geschichte von Schiffen und Fischen.

Museumstraße 23
Tel. 040/42 81 35 35 82
www.altonaermuseum.de
Di–So 10–17 Uhr
S 1, S 3 Altona

Seit seiner Eröffnung im Jahr 1901 versteht sich das Altonaer Museum als erste Anlaufstelle für alle, die mehr über Kunst, Kultur und Handwerkstradition des deutschen Nordens erfahren wollen. Den Grundstock seiner vielfältigen Sammlung legte eine private Museumsgesellschaft, die 1863 damit begann, ihre Schätze auszustellen. 1901 konnte ein großzügiger Museumsbau am Platz der Republik bezogen werden. Zweiter Weltkrieg und mehrere Erweiterungen haben kaum etwas von der alten Bausubstanz übriggelassen, dafür wurde die Schausammlung aber stetig erweitert.

Für die Geschichte Altonas besonders wichtig waren **Schifffahrt und Fischerei** – schließlich lag in seinem Hafen um 1900 die größten Fischfangflotte des Deutschen Reichs vor Anker. Entsprechend fundiert ist der Überblick über die Entwicklung der Küsten- und Hochseefischerei sowie die verschiedenen *Fangmethoden*. In der gleichen Abteilung kann man Schiffsmodelle, Seekarten und nautische Instrumente bestaunen. Außerdem erhält man einen Einblick in den Schiffsbau im 19. Jh. Damals war er einem enormen Wandel unterworfen: Berufsfelder wie die Reepschlägerei, die Schiffszimmerei und die Segelmacherei starben aus oder verloren an Bedeutung, dafür wurden mit dem Siegeszug der Dampfschifffahrt Ingenieure und Schweißer immer wichtiger.

17 historische **Bauernstuben** und eine der ländlichen Hauswirtschaft gewidmete Ausstellung illustrieren das ländliche Leben im norddeutschen Raum des 17.–20. Jh. Nostalgisch stimmt der originalgetreu ausgestattete Gemischtwarenladen, den Magdalene Dufke bis 1976 in Altenwerder betrieb – mittlerweile ist das Dorf der Hafenerweiterung zum Opfer gefallen. Sammlungen mit Keramik, Textilien, Spielzeug und Gemälden runden die Schau ab. Außerdem wird die **Geschichte**

Seine Vergangenheit als Bahnhof sieht man dem prächtigen Altonaer Rathaus nicht an

Altonas dokumentiert. Dazu gehört die rekonstruierte Raths-Apotheke aus dem 18. Jh. Lohnend ist auch der Besuch der **Vierländer Kate**, die zum gemütlichen Restaurant umgebaut wurde.

70 Christianskirche

An der Christianskirche befindet sich das Grabmal des Dichters Friedrich Gottlieb Klopstock.

Klopstockplatz
www.kirche-ottensen.de
S 1, S 3 Altona, S 1, S 3 Königstraße

Nur wenige Meter östlich des Altonaer Rathauses zeigt sich die Umgebung der Christianskirche unvermittelt ländlich. In den Jahren 1735–38 wurde das Gotteshaus als **barocke Saalkirche** erbaut und nach dem dänischen König Christian IV.

benannt. Der hatte nicht nur Glückstadt an der Unterelbe ausgebaut, sondern auch die Stadt Altona entscheidend gefördert. 1946–1952 wurde die Kirche wieder aufgebaut, nachdem sie während des Zweiten Weltkriegs schweren Schaden davongetragen hatte.

Im *Inneren* der Kirche finden sich wertvolle Gegenstände aus mehreren Jahrhunderten: Ein gotländisches Kalksteinbecken im *Taufstein* aus dem Jahr 1744 sowie eine barocke *Kanzel*. In der Turmhalle entdeckt der Besucher *Holzkruzifixe* aus der Zeit um 1900.

Auf dem **Friedhof** der Kirche, angelegt 1758, fand 1929 die letzte Beerdigung statt, doch noch heute vermitteln seine alten Grabsteine eine würdevolle Atmosphäre. Vor dem Südportal befindet sich die *Ruhestätte des Dichters Friedrich Gottlieb Klopstock* (1724–1803) sowie seiner ersten Frau Margareta (1728–1758), genannt Me-

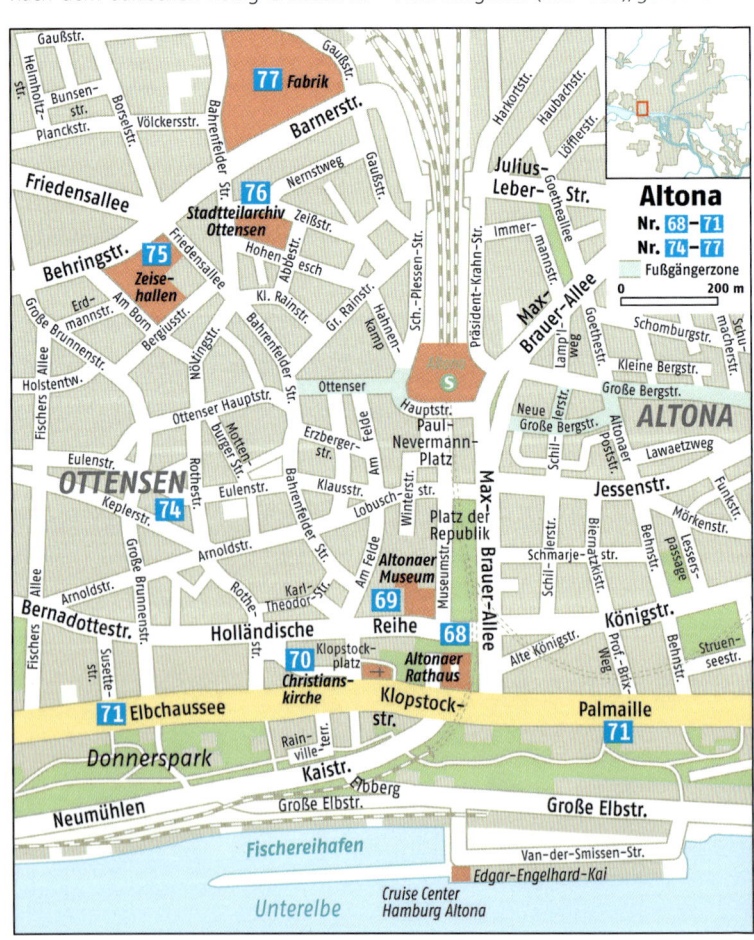

Alles ruhig in Övelgönne – das Polizeiboot auf der Elbe patrouilliert hier nur routinemäßig

ta. Die Inschrift auf dem Grabmal stammt von Klopstock selbst – in eindringlichen Worten beschreibt er seine Trauer um die im Kindbett verstorbene Gattin. Neben ihr liegt seine zweite Frau Elisabeth (1747–1821).

71 Elbchaussee und Palmaille

Eine klassizistische Prachtstraße.

S 1, S 3 Königstraße

An der Elbchaussee steht das 1832 erbaute **Heine-Haus** (Elbchaussee 31, Tel. 040/42 81 35 35 82, www.heine-haus-hamburg.de). Im Gartenhaus des Bankiers Salomon Heine, einem Onkel des Dichters Heinrich Heine, werden gelegentlich Sonderausstellungen gezeigt.

Etwa auf Höhe der Christianskirche [Nr. 61] geht die Elbchaussee in die Klopstockstraße über. Gesäumt wird sie von klassizistischen Häusern aus dem späten 18. und 19. Jh. Etwas weiter westlich wechselt die Klopstockstraße ihren Namen in **Palmaille**, benannt nach der Kugelspielbahn (ital. *palla a maglio*), die 1638/39 hier angelegt worden war. Der dänische Architekt Christian Frederik Hansen, ein Bewunderer des Renaissance-Baumeisters Palladio, schuf um das Jahr 1800 eine vor-

nehme, in klassizistischem Stil gestaltete Häuserzeile. Das Haus **Nr. 116** mit der einem Tempel nachempfundenen Fassade errichtete Hansen für sich selbst.

Unterhalb der Palmaille und eines Parkstreifens liegt die **Große Elbstraße**. Lange verkehrten dort nur die großen Lastwagen der hier ansässigen Fischhändler. Mittlerweile haben Unternehmen und Privatleute jedoch den Reiz der elbnahen Straße entdeckt. Neben modernen Büro- und Wohngebäuden haben sich hier auch interessante Geschäfte und Restaurants niedergelassen, darunter das Stilwerk (Nr. 68), eine edle Passage für Möbel-Design, das Sushi-Lokal Henssler & Henssler (Nr. 160) oder das Restaurant Au Quai (Nr. 145 b–d) mit grandioser Aussicht über die Elbe – Kreuzfahrtschiffe auf dem Weg zum **Cruise Center Hamburg Altona** inklusive.

72 Övelgönne

Ausflugsort am Elbstrand mit Museumshafen.

Bus 112

Übelgunst (= Övelgönne) würde heute niemand mehr dieses Dörfchen nennen, das sich auf 1 km Länge zwischen Elbstrand und dem steil ansteigenden Geestrücken erstreckt. Doch früher waren die Baubedingungen hier schwierig und so gibt es nur eine einzige **Häuserzeile** aus ein- oder zweistöckigen Häuschen, die zum Teil noch aus dem 18. Jh. stammen. Zu den Häusern gehört jeweils ein Stückchen Garten, das dem Elbstrand abgerungen wurde. In der Übelgunst siedelten Fischer, die nebenbei die Elbwiesen auf der anderen Flussseite bewirtschafteten, und später auch Lotsen, die die einlaufenden Schiffe von hier aus sicher elbaufwärts geleiteten. Die erste Lotsenbruderschaft zu Övelgönne und Neumühlen wurde 1745 gegründet, im **Haus Nr. 13** hatte sie ihren Versammlungsraum.

73 Museumshafen

Interessante Sammlung aus Segelschiffen und Lastkähnen.

Anleger Neumühlen
Tel. 040/41 91 27 61
www.museumshafen-oevelgoenne.de
Hafen frei zugänglich, Führungen auf Anfrage
Bus 112, Fährlinie 62

In den zwei kleinen Becken des Övelgönner Museumshafens liegen liebevoll restaurierte **Segel-, Dampf und Maschinenschiffe** vor Anker. Die meisten wurden um 1900 gebaut und versahen Jahrzente lang ihren Dienst im Hamburger Hafen. So bugsierte der Dampfschlepper ›Tiger‹ (1910) bis zum Ende der 1970er-Jahre Frachtschiffe zu ihren Anlegestellen. Der stattliche Eisbrecher Stettin, 1933 in Dienst gestellt, versah zunächst auf der Oder und im Stettiner Haff seinen Dienst und wurde gegen Ende des Zweiten Weltkriegs in die Elbe verlegt. An Zeiten, in denen kleine Schiffe Torf und Zement über eigens angelegte Kanäle aus dem Umland nach Hamburg brachten, erinnert die Tjalk ›Helene‹ (1906).

74 Ottensen

Vom Bauerndorf zum Industrieort und dann zum Szeneviertel.

S 1, S 3 Altona

Ottensen, heute ein Ortsteil des Bezirks Altona, ist ein Produkt der Industrialisierung ab 1850. Zunächst war die Siedlung vor der Hafenstadt Altona bäuerlich geprägt. Doch da hier ohne Zollschranken für das Hamburger Umland produziert werden konnte, entstanden in Ottensen bald Maschinenhallen, Fischfabriken und Werkstätten der Zigarrendreher. Wegen der Lungenkrankheiten (Motten), die sich die Arbeiter ob der ungesunden Arbeitsbedingungen holten, nannten Ottenser ihren Stadtteil damals *Mottenburg*.

Im verwinkelten Verlauf der Straßen zeichnen sich noch heute die früheren Feldwege und Raingrenzen ab. Typisch für den Stadtteil sind daher die **Ottenser Nasen**. So werden die spitz zulaufenden Ecken der mehrgeschossigen Wohnbauten genannt, die der Form der alten Grundstücke folgten, um keinen Meter des teuren Grundes ungenutzt zu lassen. Ein schönes Beispiel für eine solche Ottenser Nase findet sich an der Ecke Arnoldstraße und Keplerstraße.

Keine kulturhistorischen Sehenswürdigkeiten, dafür aber Stadtteilleben pur erwartet Passanten, wenn sie vom Altonaer Bahnhof durch die Fußgängerzone zum **Spritzenplatz** schlendern. Ein Abstecher lohnt sich zur Straße **Am Felde**, in deren alten Arbeiterwohnhäusern *Trödelgeschäfte* und *Antiquariate* zum Stöbern locken.

Der Platz Bei der Reitbahn zeigt die für Ottensen so typische Dreiecksform. Die katholische Kirche **St. Marien** wurde im 19. Jh. für Menschen aus Schlesien, Österreich oder dem Eichsfeld gebaut, die ihren katholischen Glauben mit an die Elbe gebracht hatten. Das **Café Katelbach** (Große Brunnenstr. 60, www.katelbach. de) ist fast vollständig im Jugendstil eingerichtet.

75 Zeisehallen

Industriekultur vom Feinsten, Veranstaltungszentren und Szenetreffs.

Friedensallee 7–9
Zeise-Kinos: www.zeise.de
S 1, S 3 Altona, Bus 37

Die Zeisehallen zeugen von der Tradition Ottensens als Industriestandort. Bis in die 1970er-Jahre wurden dort Schiffsschrauben hergestellt. Inzwischen beherbergt der Hallenkomplex neben dem eindrucksvolle Szene-Restaurant *Eisenstein* (www.restaurant-eisenstein.de) auch die *Zeise-Kinos* (www.zeise.de). Sie haben sich auf anspruchsvolle Kinofilme spezialisiert. Außerdem zeigt die Galerie Chaco zeitgenössische Kunst.

![Ein vielseitiges Veranstaltungszentrum für Alt und Jung sind die alten Hallen der Fabrik]

Ein vielseitiges Veranstaltungszentrum für Alt und Jung sind die alten Hallen der Fabrik

76 Stadtteilarchiv Ottensen

Wo einst Nägel mit Köpfen gemacht wurden ...

Zeißstraße 28
Tel. 040/ 390 36 66
www.stadtteilarchiv-ottensen.de
Di/Mi 9.30–13 u. 14–16.30, Do 14–19 Uhr
S 1, S 3 Altona oder Bus 2 und 37

Wo früher die Drahtstiftefabrik Feldtmann produzierte, ist heute das Stadtteil-Archiv Ottensen zuhause. In Zeitungsartikeln, Büchern und Bildern hält es die Geschichte des Stadtteils lebendig. Außerdem werden informative Rundgänge durch Altona und Ottensen organisiert.

Zu besichtigen ist auch die Werkstatt der Traditionsfabrik Feldtmann. Dort erfährt man, dass Drahtstifte die Arbeitsmittel sind, die landläufig als Nägel bezeichnet werden. Der Fachmann aber weiß: Ein Nagel wird geschmiedet, ein Drahtstift dagegen maschinell hergestellt.

Die **Häuser Zeißstraße 31–49**, erbaut 1861–64, zeigen eine für die frühen Arbeiterquartiere typische Bauform. Drei Türen öffnen sich in der Fassade der Häuser – die beiden äußeren führen in je eine ›Bude‹, einen Wohnraum im Erdgeschoss des Hauses. Die mittlere Tür erschließt über eine Treppe den ›Sahl‹, eine weitere Wohnung im 1. Stock.

77 Fabrik

Konzerthalle und Stadtteilzentrum.

Barnerstraße 36
Tel. 040/39 10 70
www.fabrik.de
S 1, S 3 Altona oder Bus 37

Unübersehbar ist das rosafarbene **Veranstaltungszentrum Fabrik**. Denn über seinem Eingang ragt eine *Krananlage* auf, die aus der nahen, längst verschwundenen Maschinenfabrik Menck & Hambrock stammt. Im Angebot ist ein abwechslungsreiches Konzertprogramm, außerdem finden Flohmärkte und Lesungen unter dem von Holzbalken getragenen Hallendach statt.

Die Raumaufteilung der einstigen Produktionsstätte – der Konzertsaal wird von einem Mittelschiff und zwei dreigeschossigen Seitenschiffen gebildet – macht die Fabrik zum Denkmal einer Industriekultur, die sich architektonisch an sakralen Vorbildern orientierte.

Viertel westlich der Außenalster: das weiße Hamburg

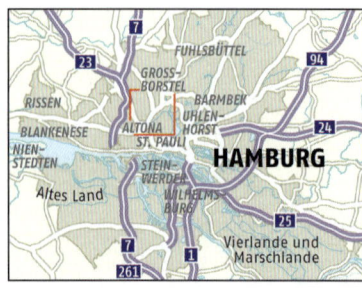

Wo wohnen die begüterten Hamburger? An der Elbchaussee und in Blankenese. Vergessen wird dabei, dass Hamburg am Westufer der Außenalster eine weitere ›Schokoladenseite‹ zu bieten hat. Das **Alstervorland** ist eine gepflegte Grünfläche unmittelbar am Binnengewässer. An die Parkanlage schließen sich die prachtvollen **weißen Villen** an, die Reeder und Bankiers um 1900 erbauen ließen. Umrahmt wird das ganze von den Stadtteilen **Rotherbaum**, **Harvestehude** und **Eppendorf** – Viertel, die damals großzügig ausgebaut wurden.

78 Dammtorbahnhof

Ein Bahnhof der Begüterten im Jugendstil.

Theodor-Heuss-Platz
S 1, S 3 Dammtor

Wie ein repräsentatives Eingangstor zum Viertel der Reichen wirkt der Dammtorbahnhof. Damit die so genannten besseren Herrschaften ihre Villen westlich der Alster bequem erreichen konnten, wurde zu Beginn des 20. Jh. auf der Bahnstrecke Hamburg–Altona der Dammtorbahnhof errichtet. Hier stieg Kaiser Wilhelm II. aus, wenn er die Hansestadt besuchte. Der Kaiser logierte in der *Preußischen Gesandtschaft*, die in einer Villa am Ufer der Außenalster untergebracht war.

Der Bahnhof, der nach dem Dammtor, dem Stadttor Hamburgs Richtung Norden, benannt ist, wurde 1901–03 im Stil Berliner Bahnhöfe errichtet. Eine Empfangshalle mit Geschäften liegt im Erdgeschoss. Die hoch gelegene Gleisanlage, die über eine Treppe zu erreichen ist, wird

Der jugendstilschöne Dammtorbahnhof ist bei Reisenden auch als Messebahnhof bekannt

Eine Oase der Ruhe im Trubel der Großstadt ist der ausgedehnte Park Planten un Blomen

von einer Halle überwölbt – dieses Bauprinzip findet man auch im Bahnhof Berlin-Friedrichstraße. In der mit Jugendstilornamenten geschmückten Fassade findet sich ein Hamburg-Wappen, umgeben von Symbolen des Handels, der Bahn und der Schifffahrt.

Unweit des Dammtorbahnhofs Richtung Innenstadt lädt das Casino Esplanade der Spielbank Hamburg Risikobereite zu Roulette, Black Jack oder Poker ein. Untergebracht ist das Casino in einem herrschaftlich-klassizistischen Gebäude von 1907.

79 Congress Centrum Hamburg (CCH)

Tagungsräume und das höchste Gebäude der Stadt.

St. Petersburger Straße 1
U 1 Stephansplatz, U 2 Messehallen,
S 21, S 31 Dammtor

Pünktlich zur Internationalen Gartenbau-Ausstellung 1973 war nach dreijähriger Bauzeit das Congress Centrum Hamburg (CCH) fertig. Säle für **Kongresse** und andere Veranstaltungen, u. a. auch große **Popkonzerte**, stehen zur Verfügung. Der mächtige Baukomplex besitzt beinahe 20 große Veranstaltungsräume, ausgestat-

tet mit Projektoren für Film und Fernsehen sowie Tonübertragungs- und Dolmetschanlagen.

Darüber erhebt sich das höchste Gebäude Hamburgs, der 110 m hohe **Hotelturm** des *Radisson Blu*. Mit mehr als 1000 Betten ist es das größte Hotel der Stadt.

80 Planten un Blomen

Ein großer Garten mitten in der City.

St. Petersburger Straße
www.plantenunblomen.hamburg.de
April tgl. 7–22, Mai–Sept. tgl. 7–23,
Okt.–März tgl. 7–20 Uhr
U 1 Stephansplatz, U 2 Messehallen,
S 11, S 21, S 31 Dammtor

›Pflanzen und Blumen‹ – eine treffende Bezeichnung für ein **Erholungsgebiet** nahe der Innenstadt. Die Parkanlage verläuft entlang der alten Befestigungsanlage der Stadt aus dem 17. Jh. Den weiteren Verlauf der Wallanlagen zeigen auf dem Stadtplan deutlich die Straßen Steintorwall, Klosterwall, Glockengießerwall, Esplanade, Gorch-Fock-Wall und Holstenwall. Von 1863–1930 befand sich auf dem Gelände Hamburgs erster Zoologischer Garten. Direktor war bis 1866 Alfred Brehm, der hier sein ›Tierleben‹ schrieb.

Hamburger Central-Park-Feeling dank Planten un Blomen mit Radisson-Blu-Hotelturm

Angelegt wurde Planten un Blomen in den Jahren 1934/35 von Karl Plomin anlässlich der Niederdeutschen Gartenschau. Highlights der Anlage sind die Tropengewächshäuser mit den exotischen Pflanzen, der Apotheker- und der

Idylle auf Wasser und Eis

Der idyllische Park ›Planten un Blomen‹ in der Hamburger Neustadt bietet mehr als Pflanzen und Blumen: Wer an Sommerabenden noch kein festes Programm hat, kann hier zum Beispiel die romantische Wasserlichtorgel bestaunen. **Farbige Wasserlichtkonzerte** finden auf dem Parksee von Mai bis Ende Juli um 22 Uhr, im August und September um 21 Uhr statt. An vielen Tagen erklingen von Mai bis September nachmittags ab 15 Uhr im Pavillon **Konzerte** von Jazz-Bands, dem Polizeiorchester sowie in- und ausländischen Folklore-Gruppen. Im Winter geht's in ›Planten un Blomen‹ sportlich zu: Jung und Alt, Profis und Amateure treffen sich zum Schlittschuhlaufen.

Rosengarten sowie Europas größter Japanischer Garten mit einem Teehaus (Mai–Sept. Di–So 15–18 Uhr). Kinder zieht vor allem der Wasserspielplatz zum Planschen an.

81 Alstervillen

Schmucke Villen am Binnensee.

S 21, S 31 Dammtor U 1 Hallerstraße

Schon seit der Zeit um 1800 bauten reiche Hamburger Bürger entlang des Ufers der **Außenalster** ihre Landsitze. Um 1850 war das Gebiet verkehrsmäßig so gut erschlossen, dass die Villen ganzjährig als Wohnsitz genutzt wurden.

Nicht von ungefähr erscheint das Generalkonsulat der USA (Nr. 25–27, 1880, Martin Haller) am Alsterufer vielen Betrachtern als Hamburgs **Weißes Haus**. Ab 1891 wohnte hier Anton Riedemann (1832–1920), Begründer der Deutsch-Amerikanischen Petroleum-Gesellschaft, aus der 1950 die Firma Esso hervorging. Nach dem Zweiten Weltkrieg nahm das Generalkonsulat der USA in dem Anwesen seinen Sitz. 1950 ließen die neuen Hausherren vor dem Haupteingang einen Säulenvorbau errichten, der dem weißen Bau eine entfernte Ähnlichkeit mit dem Regierungssitz des amerikanischen Präsidenten gibt.

Wie eine englische Burg aus der Zeit der Gotik wirkt die Villa am Harvestehuder Weg Nr. 5–6, die Jean David Jolasse 1848 erbaute. Damit ist das Gebäude der älteste erhaltene Bau an der Alster. Nach seinem ersten Besitzer, dem englischen Reeder Robert Miles Sloman (1783–1867), wurde es **Sloman-Burg** genannt. Die Sloman-Reederei (heute Sloman-Neptun Schifffahrts-AG) ist die älteste Privatreederei Deutschlands und tätigt noch heute an der Straße Baumwall direkt am Hafen Geschäfte.

Die neoklassizistische **Villa von Horschitz** am Harvestehuder Weg 8 entwarf der Architekt Albert Rosengarten 1872 für den Kaufmann Sally Horschitz (1822–1883). Hier waren seinerzeit u.a. Otto von Bismarck und Kaiser Wilhelm II. zu Besuch. Im Dritten Reich war die Villa Sitz des SS-Oberabschnitts Nord-West, heute befindet sie sich in Privatbesitz.

1884 baute der bedeutende Architekt *Martin Haller* für den Schiffsmakler Ivan Gans die größte Villa an der Alster, die heutige **Hochschule für Musik und The-**

ater (Harvestehuder Weg Nr. 12). 1903 kauften der US-Bankier Henry Budge und seine Frau Emma, eine gebürtige Hamburgerin, das Anwesen, das Haller nun umfassend umbaute. Mit seinen *Ausstellungsräumen* und einem *Theatersaal* wurde das Budge-Palais bald zu einem kulturellen Mittelpunkt der Hamburger Gesellschaft. Nach dem Tod der Hausherren richtete der NSDAP-Gauleiter Kaufmann hier 1937 seine Reichsstatthalterei ein.

82 Pöseldorf

Boutiquen und Bistros zwischen Alsterchaussee und Mittelweg.

U 1 Hallerstraße

Der Name Pöseldorf stammt vom Anfang des 19. Jh. und erinnert spöttisch an die damaligen Bewohner, durchweg einfache Leute, die dort herumpöselten, auf hochdeutsch werkelten. Inzwischen wird der Stadtteil von den Hamburgern als *Schnöseldorf* verspottet, denn Pöseldorf ist seit den 1960er-Jahren eine gefragte Wohngegend. Die Schickeria findet hier exquisite Einrichtungsläden, Boutiquen und viele edle Restaurants und Bars.

83 Universität

Die viertgrößte Universität Deutschlands.

Zwischen Edmund-Siemers-Allee und Grindelhof
S 21, S 31 Dammtor und U 1 Hallerstraße

Erst 1919 fasste die Hamburger Bürgerschaft den Beschluss, eine Universität in der Hansestadt zu gründen. Ihr Nukleus ist das Gebäude Edmund-Siemers-Allee 1, das der Reeder Edmund Siemers 1909–11 für das ›Allgemeine Vorlesungswesen‹, einen Vorläufer der Universität, bauen ließ. Der Bau im spätbarocken Stil besitzt eine kupfergedeckte Kuppel, seine **Hauptfassade** wendet sich dem Dammtorbahnhof und damit der Innenstadt an der Binnenalster zu. Die Erweiterungsbauten der Universität fanden hinter dem Hauptgebäude, im Bereich zwischen Grindelhof und Schlüterstraße, Platz.

Kompakt quaderförmig ragt hier der 52 m hohe **Philosophenturm** (1957–62, Paul Seitz) auf. Den Hörsaal D in seinem Inneren ziert das *Triptychon* ›Thermopylae‹, das Oskar Kokoschka 1954 malte. Vor dem Hörsaal erinnert eine *Büste* an den Philosophen Ernst Cassirer (1874–1945),

Schöner Wohnen – reiche Hamburger leisteten sich gern weiße Villen an der Außenalster

Bunte Postmoderne zelebriert die Rechtswissenschaftliche Fakultät der Uni Hamburg

der 1929 zum Rektor der Hamburger Universität und damit zum ersten jüdischen Direktor einer deutschen Hochschule bestellt wurde.

84 Museum für Völkerkunde

Ausstellung von Kulturzeugnissen europäischer und außereuropäischer Völker in Jugendstil-Ambiente.

Rothenbaumchaussee 64
Tel. 040/428 87 90
www.voelkerkundemuseum.com
Di–So 10–18, Do bis 21 Uhr
U 1 , Bus 115 Hallerstraße, S 11, S 21, S 31
Dammtor

Das Völkerkundemuseum gilt als Ausdruck der Weltoffenheit Hamburgs. Seit 1915 zeigt es seine Sammlungen in einem von Albert Erbe entworfenen Jugendstilbau. Vom Balkon über dem Haupteingang blicken vier Sandsteinfiguren auf die Besucher herab. Die männlichen Skulpturen an den Außenseiten repräsentieren die Jagd (links) und den Ackerbau, die Frauen in der Mitte Kunst und Wissenschaft.

Manches Ausstellungsstück entzieht sich freilich einer rein wissenschaftlichen Einordnung. So entführt das Maori-Versammlungshaus Rauru nach Neuseeland. In seinen Schnitzereien scheint eine Welt auf, in der die Ahnen über Generationen hinweg in Verbindung zu ihren Kindeskindern stehen und die Naturgewalten von existentieller Bedeutung sind. Ebenso exotisch ist die Schau zur Götter- und Dämonenwelt Balis. Das Wohnumfeld einer adeligen Familie auf dieser indonesischen Insel zeigt das mit reichem Schnitzwerk versehene Prinzenhaus.

Das elegante Hauptgebäude der Universität Hamburg wendet sich dem Dammtorbahnhof zu

In mystisches Dunkel getaucht sind die fantastischen Masken aus der Südsee. Die Menschen Melanesiens bezeugten ihre Verehrung für die Geister ihrer Ahnen, für die Tier- und Pflanzenwelt, indem sie bei Zeremonien symbolisch deren Gestalt annahmen. Weitere Abteilungen befassen sich mit den Indianern Nordamerikas, mit den Azteken, den Völkern Afrikas und dem alten Ägypten.

85 Joseph-Carlebach-Platz

Erinnerung an das jüdische Leben im Grindelviertel.

Bus 4 und 5 (Grindelhof)

Am Joseph-Carlebach-Platz schlug bis in die 1930er-Jahre das Herz der jüdischen Gemeinde Hamburgs. Denn hier stand die 1906 eingeweihte **Hauptsynagoge** der Hansestadt. Sie war das erste frei stehende Gotteshaus, das sich jüdische Mitbürger in Hamburg errichten durften. Vorher waren Synagogen nur in Hinterhöfen erlaubt gewesen. Während der Reichspogromnacht am 9. November 1938 setzte der braune Nazi-Mob die Synagoge in Brand, anschließend wurde die Ruine abgerissen. Heute zeugt nur noch der in die Pflasterung des Platzes eingearbeitete Grundriss von dem Gotteshaus.

1941 begann dann die Deportation der Juden Hamburgs in die Ghettos von Riga, Minsk und Litzmannstadt. Später wurden viele direkt in die Vernichtungslager gebracht. Sammelpunkt für die Transporte in die Vernichtungslager war die Moorweide nahe dem Hauptgebäude der Universität. Hier erinnert heute der **Platz der jüdischen Deportierten** an die Gräueltaten der NS-Zeit.

Inzwischen hat die jüdische Religion mit ihren etwa 3000 Angehörigen wieder einen festen Platz in Hamburgs Gesellschaft. Davon zeugt auch die 2007 eröffnete, jüdische **Joseph-Carlebach-Schule** (Grindelhof 30, www.jcsh.de). Untergebracht ist sie in der 1939 von den Nazis geschlossenen Talmud-Tora-Schule, die bis dahin zu den bedeutendsten Ausbildungsstätten des orthodoxen Judentums in Deutschland gezählt hatte. Die Rückkehr jüdischen Lebens belegt auch das nahe **Café Leonar** (Grindelhof 87, Tel. 040/41353011, www.cafeleonar.de), dessen von der israelischen Küche inspiriertes Speiseangebot großen Anklang findet.

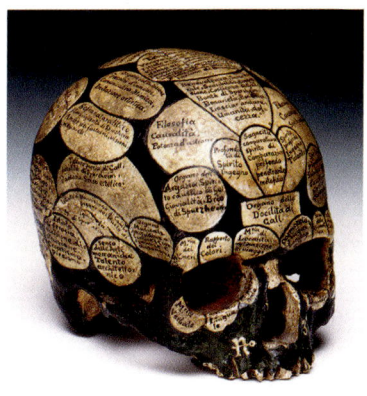

Im Museum für Völkerkunde ist ein Gallschädel (1812) mit Charakterkunde zu sehen

Einen Abstecher lohnen **Durchschnitt** und **Grindelweg**. An diesen dörflich anmutenden Straßen stehen um 1900 angelegte *Arbeiterquartiere*. Die zwei- bzw. dreigeschossigen Häuser mit kleinen Vorgärten sollten die engen, lichtlosen Gängeviertel in der Innenstadt ersetzten. Um **Rutschbahn**, **Heinrich-Barth-Straße** und **Rappstraße** blieben ganze Häuserzeilen aus den 1920er/30er-Jahren erhalten.

86 Grindelhochhäuser

Die ersten Hochhäuser Deutschlands.

Grindelberg/Hallerstraße
Bus 4 und 5

Auch Hochhäuser können unter Denkmalschutz stehen. Den Beweis treten die zwölf Grindelhochhäuser an, die acht bis vierzehn Geschosse haben. 1946 begann Bernhard Hermkes mit dem Bau der **Hochhäuser auf dem Grindelberg**. Sie sollten der britischen Militärregierung als Sitz dienen. Da aber kurz nach Baubeginn die Entscheidung für Frankfurt als gemeinsamer Sitz der Verwaltung der vereinigten drei Westzonen fiel, stockte das Projekt bis 1949. Die Hochhäuser wurden schließlich bis 1956 von der Stadt Hamburg fertig gestellt. Die modernen Wohnungen und die hellen Ateliers erregten seinerzeit großes Aufsehen. Ebenso wie die Frage der Zeitung Hamburger Abendblatt an die Mieter der obersten Stockwerke: »Werden Sie nicht seekrank?« Denn bei Wind sollen die Spitzen der Häuser angeblich leicht schwanken.

87 Isestraße und Jungfrauenthal

Jugendstil-Träume und Markttreiben.

U 1 Klosterstern, U 3 Hoheluftbrücke

Mit den Grindelhochhäusern nördlich der Hallerstraße beginnt der Hamburger Stadtteil **Harvestehude**. In diesem Namen ist die Erinnerung an das Kloster Harvestehude erhalten, das seit dem Jahr 1293 am Nordende der Außenalster lag. 1866 übernahm das Klosterland Konsortium den gesamten Besitz nördlich der Hallerstraße und legte hier Straßen, Parks und erste Wohnbauten an. So entstand rund um den **Innocentiapark** ein Wohnviertel für Begüterte; Industrie oder Kleingewerbe auf den Hinterhöfen war ausdrücklich untersagt. Bis ins 20. Jh. hinein wurde Straße für Straße mit Miethäusern oder Einzelvillen bebaut. Bei einem Spaziergang durchs Viertel lässt sich die Bauzeit gut an der jeweiligen Architektur ablesen. Besonders schöne Häuserzeilen im Jugendstil sind in der Straße **Jungfrauenthal** zu finden.

Ganz in der Nähe, rund um den **Eppendorfer Baum**, befinden sich zahlreiche hübsche Geschäfte und Boutiquen für den besonderen Geschmack. Die hier nach Süden abzweigende Isestraße wurde nach der Kanalisierung der Isebek 1906 angelegt. Einheitliche Jugendstilfassaden sieht der Besucher vor allem im nördlichen Bereich. Bis zur Hoheluftchaussee begleitet ein **Hochbahnviadukt** den Straßenverlauf. Unter dessen Bögen findet regelmäßig der viel besuchte **Isemarkt** (Di, Fr 8.30–14 Uhr) statt.

88 Falkenried-Terrassen

Größte in Hamburg erhaltene Terrassenbebauung.

U 3 Hoheluftbrücke

Nordwestlich der Isestraße beginnt der Bereich der Stadtteile Eppendorf und Hoheluft, in dem sich Wohnbebauung wieder mit Industrieanlagen und Gewerbebetrieben mischt. Hier stößt man auf die Falkenried-Terrassen zwischen Falkenried und Löwenstraße. Sie wurden 1890–1903 für die Arbeiter der Straßen- und Eisenbahngesellschaft errichtet. Es handelt sich um dreigeschossige **Hinterhaus-Doppelreihen**, die seinerzeit aufgrund ihrer lichten Bauweise als vorbildlich galten. Die Falkenried-Terrassen sind die größte Wohnanlage dieser Art, die in Hamburg erhalten blieb.

89 Tierpark Hagenbeck

Eine weltberühmte Hamburgensie.

Eingang Lokstedter Grenzstraße 2
Tel. 040/530 03 30
www.hagenbeck.de
Juli/Aug. tgl. 9–19, März–Juni und Sept./Okt. 9–18, Nov.–Febr. 9–16.30 Uhr
U 2 Hagenbecks Tierpark

›Gehn wir mal zu Hagenbeck‹ – das sagen die Hamburger schon seit Generationen und meinen damit einen sonntäglichen

Im parkgrünen Harvestehude üben sich selbst Reihenhäuser in feiner Zurückhaltung

Bronzefiguren von Menschen und Tieren aus fernen Ländern bewachen Hagenbecks Tierpark

Besuch in Hamburgs traditionsreichem Tierpark Carl Hagenbeck. Tiger und Elefanten, Ziegen und Gnus, Löwen und Affen bevölkern seine herrliche Parklandschaft. Besondere Attraktionen sind das Eismeer mit seinen Eisbären und Robben sowie das Tropen-Aquarium (tgl. 9–18 Uhr, gesonderter Eintritt), in dem bunt schillernde Fische umherschwimmen.

1848 hatte der Fischhändler Gottfried Clas Carl Hagenbeck damit begonnen, *Seehunde* auf dem **Spielbudenplatz** in St. Pauli gegen Geld dem Publikum zu präsentieren. Die Tiere hatten ihm Fischer statt des versprochenen Fanges gebracht, da die Seehunde ihnen die Netze zerrissen hatten. Bald stellte Hagenbeck auch *exotische Tiere* aus. Sein Sohn Carl Hagenbeck revolutionierte dann die Dressur der Tiere. Bis dahin wurden wilde Tiere in dunkle, enge Käfige eingepfercht und mit Gewalt gefügig gemacht. Carl Hagenbeck führte erstmals *artgerechte Haltung* und Dressur durch Belohnung ein. Sensationen waren die **Völkerschauen**, für die Hagenbeck wahlweise Innuit-Familien, Samen (Lappen) oder Afrikaner in die Hansestadt brachte, die dann vor dem Publikum ihre alltägliche Lebensweise, z. B. Kochen oder Zeltaufbau, vorführten.

Um die Wende zum 20. Jh. verwirklichte Carl Hagenbeck schließlich in **Stellingen** seinen Traum von einem Tierpark, in dem er so weit wie möglich den *natürlichen Lebensraum* seiner Tiere nachbaute. Eindrucksvoll für die Besucher: Der Zoo kam und kommt ohne schwere Gitter und Schutzzäune aus, da die Tiere sicher hinter Gräben leben. Dieses Modell wurde weltweit kopiert.

Wo laufen sie denn? Aufmerksam verfolgt ein Sibirischer Tiger im Tierpark das Geschehen

Viertel östlich der Außenalster:
Villen im Grünen

Östlich der Außenalster erstrecken sich einige der begehrtesten Wohngegenden Hamburgs. Wie am Westufer, so dominieren auch entlang der östlichen **Uferpromenade** vornehme weiße Villen. Schmuck sind auch viele Straßenzüge in Uhlenhorst und Winterhude. Die Verwandlung dieser Dörfer vor den Toren Hamburgs in städtische Wohnbezirke setzte nach 1860 ein: In jenem Jahr wurde die Torsperre aufgehoben, also die allabendliche Schließung der Stadttore.

Umgehend begann der Großgrundbesitzer und Goldschmied Adolph Sierich damit, seine Ländereien um das Dorf **Winterhude** für die Wohnbebauung zu erschließen. Zunächst ließ er den **Leinpfadkanal** anlegen, um das bis dahin sumpfige Gebiet trockenzulegen, dann begann er mit dem Bau mehrgeschossiger Miethäuser. Noch heute erinnern die Straßennamen Sierichstraße, Agnesstraße, Dorotheenstraße und Maria-Louisen-Straße an den Geschäftsmann und seine weiblichen Familienmitglieder.

Noch weiter nördlich erstreckt sich das Arbeiterviertel **Barmbek**. Nach ›Armbek‹, wie man den Stadtteil früher spöttisch nannte, siedelten Ende des 19. Jh. all jene um, deren Wohnungen der Speicherstadt im Freihafen hatten weichen müssen. Von 1800 Einwohnern im Jahr 1855 stieg die Bevölkerungszahl auf 225 000 im Jahr 1938 an. Keine Frage, dies ist der ideale Standort für das **Museum der Arbeit**. Als ›rotes Hamburg‹ wird Barmbek aber nicht nur aus politischen Gründen bezeichnet, sondern auch wegen seiner Bebauung. Denn die in den 1910er- und 20er-Jahren errichteten Wohnquartiere bestehen fast ausnahmslos aus rotem Backstein. Grüne Lunge dieses Quartiers ist der **Stadtpark**. Fritz Schumacher, der sozialpolitisch engagierte Hamburger Oberbaudirektor, ließ das 180 ha große Erholungsgebiet zwischen 1912 und 1914 anlegen.

Wer Lust auf eine ausgedehnte Rad- oder Wandertour verspürt, sollte dem **Alsterwanderweg** durch den idyllischen Norden Hamburgs folgen. Er führt auf weiten Strecken am Flusslauf entlang und ist von der Binnenalster bis zur Quelle des Flusses vorzüglich ausgeschildert.

Wer auf dem Rondeelteich rudert, besitzt vermutlich keine der Villen am Ufer

90 Museum der Arbeit

Der Wandel der Arbeit im Industriezeitalter.

Wiesendamm 3
Tel. 040/428 13 30
www.museum-der-arbeit.de
Mo 13–21, Di–Sa 10–17, So/Fei 10–18 Uhr
U 2, U 3, S 1, S 11 Barmbek

In der facettenreichen Ausstellung des Museums der Arbeit geht es um die Veränderung der Arbeitswelt seit dem Beginn der Industrialisierung in den 1850er-Jahren. Seither zogen ungezählte Menschen vom Land in die Städte, nicht mehr der Wechsel der Jahreszeiten bestimmte fortan ihr Leben, sondern der Rhythmus der Maschinen.

Wie der Arbeitsalltag auf dem Höhepunkt der Industrialisierung organisiert war, wird am Beispiel der New-York Hamburger Gummi-Waaren Compagnie verdeutlicht. In ihren ehemaligen, backsteinernen Fabrikgebäuden ist das Museum ansässig. Auch Erzeugnisse dieses Unternehmens – etwa eine Madonnenfigur aus Hartgummi oder eine Gebissprothese – sind ausgestellt.

Im ›ABC der Arbeit‹ symbolisieren die unterschiedlichsten Objekte all die He-

Wissen und Technik früherer Tage im Museum für Arbeit interessieren Jung und Alt

rausforderungen, die der werktätige Mensch seit der Industrialisierung zu bewältigen hat – Dampfmaschine und Computer wollen bedient, der Schutzhelm getragen werden. Unter dem Motto ›Arbeit im Kontor‹ steht ein Büroensemble aus der Zeit um 1900. Mit den stetig expandierenden Handelsbeziehungen der Hamburger Kaufleute wuchsen auch die Anforderungen an Büroangestellte. Die Abteilung ›Graphisches Gewerbe‹ zeigt alte Druckmaschinen und eine Setzerei. Wie sehr sich dieses Berufsfeld gewandelt hat, macht eine Liveübertragung aus einer Großdruckerei des Axel Springer-Verlags deutlich. Zur Ausstellung gehören auch einige Werkstätten, in denen noch an historischen Maschinen gearbeitet wird. Zur Anschaulichkeit tragen viele Gegenstände aus dem Arbeitsalltag bei, wie Werkstelefon, Kontrolluhr, Spuckfläschchen für Tuberkulosekranke oder der altbewährte Henkelmann.

91 Schöne Aussicht

Der Name ist Programm: die Grünanlagen zwischen Außenalster und der Straße Schöne Aussicht laden zum Spazierengehen ein.

Schöne Aussicht
U 2 Mundsburg, weiter zu Fuß über Uhlenhorster Weg

Entlang der Schönen Aussicht schließt sich auf Höhe der Straße Schwanenwik die westliche Rundung der Außenalster. Von hier aus hat man bei klarem Wetter einen reizvollen Blick auf die Skyline der City an der Binnenalster. Am idyllischen Feenteich, der über Kanäle mit der Alster verbunden ist, steht das **Gästehaus des Senats** (Schöne Aussicht 26). In der 1868 von Martin Haller für einen Baustoffhändler errichteten Villa übernachten Politiker und Staatsoberhäupter aus aller Welt.

Den multikulturellen Charakter Hamburgs unterstreicht die 1963–69 errichtete **Imam-Ali-Moschee** (Schöne Aussicht 36, Tel. 040/22 94 86 10, www.izhamburg.com, nach Vereinbarung tgl. 9–18 Uhr) der 13 000 Mitglieder zählenden iranisch-schiitischen Gemeinde Hamburgs. Den gekachelten Gebetsraum ziert ein riesiger handgeknüpfter Rundteppich. Er bedeckt mit rund 80 Mio. Knoten und einem Durchmesser von fast 16 m eine Fläche von 200 m^2.

Hinter der Moschee mündet die Außenalster in die Ausbuchtung **Langer Zug**, an die sich der Osterbek-Kanal anschließt. Folgt man der Straße Am Langenzug geht es an der nächsten Kreuzung links übers Wasser zum Mühlenkamp. Hier laden Boutiquen, Antiquitätenhändler, Möbel- und Design-Geschäfte sowie internationale Wein- und Feinkostläden zum Bummeln und Geldausgeben ein.

Mit einer lauschigen Bootsfahrt endet ein Alsterspaziergang an der Krugkoppelbrücke

92 Krugkoppelbrücke und Leinpfad

Reizvolle Gegend zum Spazieren-gehen und Verweilen in Cafés.

Bellevue, Fernsicht
Bus 6, 25 bis Gertigstraße, weiter zu
Fuß über Poelchaukamp, Gellerstraße,
Fernsicht, Bus 109 Streeckbrücke

Am Langen Zug kann man hinter dem Anleger Mühlenkamp links über Körner-straße und Bellevue zur Außenalster zu-rückgehen. An ihrer nördlichen Spitze liegt das **Restaurant-Café Bobby Reich** (Tel. 040/48 78 24). Daneben verbindet die Krugkoppelbrücke Winterhude mit dem westlich der Alster gelegenen Stadtteil Harvestehude. Beim Neubau der 1891 er-richteten **Holzbrücke** verband Oberbau-direktor Fritz Schumacher 1927/28 Tech-nik mit Formschönheit: Die Bögen der Eisenbeton-Brücke sind mit Klinkern ver-kleidet, Terrakotta-Figuren zieren die Brüstungen.

Auf der gegenüberliegenden Straßen-seite von Bobby Reich unterbricht die **Villa Agnesstraße Nr. 1** die traditionell weiße Alsterarchitektur. Den herrschaft-lichen Bau in grauem Stein entwarf 1909 der Berliner Architekt William Müller für Oscar Troplowitz. Der Mitbegründer der Firma Beiersdorf war einer der Erfinder von Nivea.

Westlich davon beginnt der Leinpfad, eine der schönsten und nobelsten Wohn-adressen Hamburgs. Am Ende dieser Straße befindet sich auf dem alten Anle-ger Winterhuder Fährhaus das **Café Lein-pfad** (Tel. 040/46 48 56). Von seiner Terras-se am Alsterkanal genießt man einen wunderbaren Blick über das Wasser und auf die an- und ablegenden Boote.

93 Winterhuder Markt

Theater, Shopping und historische Wohnkultur in Hamburgs Norden.

Winterhuder Markt
U 1 Hudtwalckerstraße

An der quer zum Leinpfad verlaufenden Hudtwalckerstraße liegt die **Komödie Winterhuder Fährhaus** (Nr. 13, www. komoedie-hamburg.de). In dem moder-nen Theaterhaus aus Glas und Stahl gas-tieren prominente Schauspieler in klas-sischen und modernen Boulevardstü-cken. Richtung Westen mündet die

Sogar mit dem Kanu steuern Gäste das schöne Café am Winterhuder Fährhaus an

Hudtwalckerstraße in den **Winterhuder Marktplatz**, das nördliche Zentrum des Stadtteils. Hier gibt es Geschäfte noch und noch, von der Drogerie über den Blumen- bis zum Buchladen.

94 Kampnagel

Zentrum der freien Theatergruppen Hamburgs und Gastspielort inter-nationaler Ensembles.

Jarrestraße 20
Tel. 040/270 94 90
www.kampnagel.de
U3 Borgweg, Bus 172, 173 Jarrestraße
(Kampnagel)

Die darstellenden Künste in ihrer ganzen Vielfalt sind im Kampnagel zu Hause. Der Name des Kulturzentrums geht auf die ursprünglich auf dem Gelände ansässige Maschinenfabrik Nagel & Kaemp zurück, gegründet 1874. Heute finden in vier der früheren Fabrikhallen insgesamt 1650 Zuschauer Platz. Neben Auftritten von Hamburger und internationalen *Theater-gruppen*, Musikensembles und *Tanzgrup-pen* werden ›auf Kampnagel‹ *Ausstel-lungen* und jedes Jahr im August das **Sommerfestival** veranstaltet.

95 Jarrestadt

Bedeutendstes Beispiel hanseatischer Zweckarchitektur der 1920er-Jahre.

Zwischen Wiesendamm und
Jarrestraße
U 3 Saarlandstraße

Wuchtig und von einheitlicher Strenge, so präsentiert sich die Jarrestadt. Die **Wohnblöcke** aus rotem Klinker wurden 1928–30 zwar nach Entwürfen von zehn verschiedenen Architekten errichtet. Einheitlichkeit garantierte aber die Planungsaufsicht des Oberbaudirektors Fritz Schumacher. Die äußerlich schlichten, innen durchdacht ausgebauten kubischen Backsteinbauten sollten den gemeinschaftlichen und fortschrittlichen Geist der modernen Arbeiterbewegung widerspiegeln.

96 Stadtpark

Hamburgs Central Park: Hier tummeln sich Spaziergänger und Jogger.

Im Rechteck zwischen Ulmenstraße, Jahnring, Saarlandstraße und Südring
www.hamburg.de/hamburger-stadtpark
U 3 Borgweg, S 1, S 11 Alte Wöhr

Dass Hamburg sich als grünste Großstadt Deutschlands bezeichnen darf, verdankt die Hansestadt nicht zuletzt dem Stadtpark. 1902 kaufte die Stadt vom Geschäftsmann Adolf Sierich das damals noch als privates Jagdrevier genutzte Areal. Gemeinsam mit dem Landschaftsarchitekten Otto Linné formte Hamburgs Oberbaudirektor Fritz Schumacher das Gelände 1909–14 zu einem Park, der von allen Bevölkerungsschichten genutzt werden sollte. Skulpturen wie die ›Zentauren‹ von Georg Wrba am Schwimmbad, die ›Pinguine‹ von August Gaul am Heckengarten oder der ›Seelöwe‹ von Karl Opfermann am Planschbecken schmücken die weitläufige Anlage.

An schönen Wochenenden kommen bis zu 200 000 Besucher in den Stadtpark. Im Sommer kann man sich im **Freibad** erfrischen oder beim **Café Sommerterrassen** am östlichen Parkende Boote ausleihen. Einen schattigen Biergarten findet man im **Landhaus Walter** an der Hindenburgstraße. An Sommerabenden geben im Nordteil des Stadtparks auf der **Freilichtbühne** internationale Bands Open-Air-Konzerte.

97 Planetarium

Blick in ferne Galaxien aus dem Hamburger Stadtpark

Hindenburgstraße 1b,
im nordwestlichen Stadtpark
Tel. 040/428 86 52 10
www.planetarium-hamburg.de
Di 9–17, Mi/Do 9–21, Fr 9–22,
Sa 12–22, So 10–20 Uhr
S 1, S 11 und U 1 Ohlsdorf

Im Westen des Stadtparks erhebt sich das Planetarium. Als Domizil dient ihm ein außer Dienst gestellter Wasserturm, der 1913–15 im Art déco-Stil aus rotem Klinker erbaut wurde. Der hochmoderne Projektor Zeiss Universarium 9 wirft Sternbilder ein erstaunlicher Detailfülle an die Kuppel des Schausaals. Sogar ›Zeitreisen‹ macht er möglich: Gelegentlich zieht der Stern von Bethlehem wie am Tag von Christi Geburt über das künstliche Firmament. Von der Aussichtsplattform des Wasserturms reicht der Blick weit über die Stadt hinweg bis zum Hafen.

98 Ohlsdorfer Friedhof

Letzte Ruhestätte der Superlative.

Haupteingang Fuhlsbüttlerstraße
Tel. 040/59 38 80
www.friedhof-hamburg.de
April–Okt. tgl. 8–21, Nov.–März
8–18 Uhr, Infohaus am Fußgängereingang tgl. 11–15 Uhr
S 1, S 11 und U 1 Ohlsdorf

Der Ohlsdorfer Friedhof ist der größte Parkfriedhof der Welt, noch vor Arlington Cemetery in den USA: Er bedeckt eine Fläche von 391 ha, ist 3,8 km lang und 2,2 km breit. 17 befahrbare Straßen führen durch das Gelände mit mehr als 280 000 Grabstätten. Auf dem Gelände stehen denkmalgeschützte Grabmäler zwischen Grünflächen mit altem Baumbestand und leuchtend blühenden Rhododendronhecken.

Der überkonfessionelle Friedhof für die rasch wachsende Großstadt Hamburg wurde ab 1874 in der Ohlsdorfer Feldmark angelegt, die Eröffnung fand 1877 statt. Der Gartenbauingenieur Wilhelm Cordes gestaltete den Westteil, den Ostteil legte Cordes' Nachfolger Otto Linné ab 1920 an. Der Ohlsdorfer Friedhof wurde – zur besseren Orientierung – in *Planquadrate* eingeteilt. Zahlreiche Ori-

Der Stadtpark bietet Platz für ›Badende Frauen‹ in Stein (li.) wie für Freiluftfreunde

entierungstafeln helfen Besuchern, sich in den weitläufigen Parkanlagen nicht zu verlaufen.

Nördlich des Haupteingangs steht an der Talstraße das 1930–32 von Fritz Schumacher erbaute **Krematorium**. Es ist das letzte Werk des Oberbaudirektors vor seiner Entlassung durch die Nationalsozialisten. Die Bestimmung des Baus versinnbildlicht ein vergoldeter *Phönix* auf der Giebelspitze. Gegenüber dem Krematorium erinnert seit 1949 ein **Mahnmal** an die Opfer des Nationalsozialismus.

Beim Haupteingang im Westen informiert ein **Museum** (So/Mo, Do 10–14 Uhr) über Friedhofsgeschichte und Bestattungsformen. In der Nähe sind auf dem **Althamburgischen Gedächtnisfriedhof** (P 6) u. a. Alfred Lichtwark, der erste Direktor der Kunsthalle, Oberbaudirektor Fritz Schumacher und der Maler Phillip Otto Runge begraben. Unweit finden sich die Ruhestätten weiterer bekannter Hamburger, etwa die des Schauspielers Hans Albers (Y 23, 245–254), des Schriftstellers Wolfgang Borchert (AD 5), des HAPAG-Direktors Albert Ballin (Q 10, 420–429). Auch Mitglieder der Familie Hagenbeck haben hier ihre letzte Ruhe gefunden (AE 15, 43–58). Ihre Grabstätte ziert sinnfälligerweise ein kupferner Löwe.

Im nördlichen Teil, nahe der Kapelle 13, ist das kreuzförmige **Massengrab** für die 37 000 Bombenopfer zu sehen, die im Feuersturm von 1943 starben. Das **Mahnmal** schuf 1952 Gerhard Marcks. Im Südwesten befindet sich der **jüdische Fried-**

Historischer Wasserturm von 1898 auf dem Ohlsdorfer Friedhof, direkt an der Cordesallee

hof und ein Mahnmal für die während
der NS-Diktatur ermordeten Juden.

Weiter gehören zum Friedhof isla-
mische Gräber, Baumgräber, der Garten
der Frauen, Kolumbarien, Schmetter-
lingsgarten, Ulmenhain und Ruhewald –
um nur einige Anlagen zu nennen.

99 Hamburg Airport

*Vergnügen – auch ohne
abzuheben.*

Flughafenstr. 1-3
Tel. 040/50 75 26 44,
www.ham.airport.de
Rundfahrten: Nur nach telefonischer
Anmeldung, So 14 Uhr
S 1 Hamburg Airport (Flughafen)

Dank seiner Nähe zur Innenstadt bietet
sich der Hamburger Flughafen als Aus-
flugziel für Luftfahrtbegeisterte an.

Die beiden **Terminals** präsentieren
sich als geschwungene, lichtdurchflutete
Hallen aus Glas und Stahl. Für beide
zeichneten die Architekten Gerkan, Marg
und Partner verantwortlich. Als Binde-
glied zwischen ihnen fungiert die Airport
Plaza, in der rund 40 Geschäfte sowie Restaurants und Bars untergebracht sind.

Weitaus interessanter als diese Einkaufsmeile ist die **Flughafen-Modell-
schau** (Mo–So 10 und 13.30 Uhr) in einem

So geht man in die Luft

Auch aus den Wolken macht die Hansestadt einen tollen Eindruck. Wer
Hamburg von ganz hoch oben bewundern möchte – und schwindelfrei
ist und nicht unter Flugangst leidet –
hat gleich mehrere Möglichkeiten zur
Auswahl: Hoch und ab zum Rundflug
geht es zum Beispiel im **Ballon**, im
Wasserflugzeug oder in einer alten
JU 52 [s. S. 132].

Nicht ganz so hoch, aber umso auf-
regender ist es, wenn man am
Bungeeseil hängt: Von einem Kran im
Hamburger Hafen können sich Mu-
tige aus 50 m Höhe in die Tiefe stürzen
und auf Wunsch mit den ausge-
streckten Armen das Wasser berühren.
Das Abseilen vom Hafenkran gilt als
Variante für besonders Nervenstarke
(Versmannstr. 2, nach Vereinbarung
März–Okt., Tel. 018 05/60 60 84, www.
jochen-schweizer.de).

Nachbargebäude von Terminal 1. Im Maß-
stab 1:500 nachgebaut, stehen dort die
Abfertigungsgebäude, Hotels und der
Tower des Airports. Geradezu spektakulär
wird es, wenn die auf den Landebahnen
stehenden Miniaturjets zu Rundflügen
über den Köpfen der Zuschauer abhe-
ben. Von der angrenzenden Aussichtsterrasse aus kann man den Betrieb auf dem
realen Vorbild beobachten.

Die Ursprünge dieses Flughafens gehen auf das Jahr 1911 zurück. Damals lan-
deten dort freilich noch Luftschiffe. 1926
vereinten sich in Hamburg zwei Luftge-
sellschaften zur Deutschen Lufthansa.
Zwar befindet sich deren Zentrale inzwischen in Köln, doch noch heute werden
in der **Lufthansa Technik Basis** (Besichtigung auf Anfrage, Tel. 040/507 03 66,
www.lufthansa-technik.com) Flugzeuge
gewartet. Mit über 6000 Beschäftigten ist
sie einer der größten Industriebetriebe
Hamburgs.

100 Alsterwanderweg

*Alte Dörfer und kleine Naturschutz-
gebiete am stillen Fluss.*

U 1 Klein Borstel, Fuhlsbüttel

Der mit gelben Richtungspfeilen mar-
kierte, 37 km lange Alsterwanderweg beginnt an den Landungsbrücken und
führt über Ohlsdorf hinein ins Alstertal.
Längst hat sich Hamburg die Dörfer in
dessen Süden einverleibt, sind die alten
Ortsgrenzen unter Reihenhaussiedlungen und Straßen verschwunden.

Und doch lohnen immer wieder Abstecher in die Stadtteile am Wanderweg.
So ist in Wellingsbüttel (S 1, S 11 Wellingsbüttel) das regional- und volkskundliche
Alstertalmuseum (Wellingsbütteler Weg
71, Tel. 040/536 66 79, Sa/So 11–13 und 15–17
Uhr, www.alstertal-museum.de) zuhause.
Untergebracht ist es im Torhaus des ansonsten längst abgerissenen Gutes Wellingsbüttel. Der beeindruckende Fach-
werkbau stammt aus dem Jahr 1757.

Nur wenige Schritte trennen die ge-
mächlich dahinfließende Alster in Poppenbüttel von den neonlichtbeschie-
nenen Galerien des **Alstertal Einkaufs-
zentrums** (S 1, S 11 Poppenbüttel). Vor
allem die großen Modeketten von H&M
über Footlocker bis Esprit bieten dort ihre
Waren feil.

Durch den Poppenbüttler Henneberg-
park erreicht man bald darauf die **Mel-**

Als wahre Perle des Backsteinbarock präsentiert sich das historische Torhaus in Wellingsbüttel

lingburger Alsterschleife (Bus 276 Mellingburgredder). Schon um das Jahr 1000 erkannten die in der Region siedelnden Sachsen, wie gut sich dieses auf drei Seiten von der Alster umfangene Landstück verteidigen ließ. Sie schütteten Erdwälle auf und schufen so eine Fluchtburg, deren Reste bis heute zu erkennen sind.

Nur wenige Hundert Meter sind es von den sächsischen Wällen zur *Mellingburger Schleuse* (Mellingburgredder 1, Tel. 040/61139150, www.mellingburgerschleuse.de). Das Hotel-Restaurant nahe einer schon 1528 belegten Schleuse serviert gehobene Küche. Als Alternative bietet sich die Gastwirtschaft in der 1600 in Betrieb genommenen *Alten Mühle* (Alte Mühle 34, Tel. 040/6049171) gut einen halben Kilometer weiter an.

Etwas abseits der Alster steht die **Bergstedter Kirche** (Bergstedter Kirchenstraße 7, www.kirchebergstedt.de, U 1 Hoisbüttel). Das lang gestreckte Gotteshaus wurde ursprünglich um 1150–1200 aus Feldsteinen errichtet, der *Fachwerkturm* kam Mitte des 18. Jh. dazu. Blickfang im Inneren ist die bemalte Balkendecke von 1685. Im Chor schwebt ein Taufengel von 1768. Nur bei Taufen wird er herabgelassen und die Schale in seinen Händen mit Wasser gefüllt.

Einige Kilometer nördlich schlängelt sich die Alster durch das ursprüngliche **Rodenbeker Quellental** (U 1 Ohlstedt). Das Naturschutzgebiet zeichnet sich durch eine vielfältige Waldlandschaft aus, durch Auen, Hangquellen und feuchte Wiesentäler.

Bei Wohldorf-Ohlstedt erstreckt sich der **Wohldorfer Wald** (über U 1 Ohlstedt). Seine Buchen sind bis zu 350 Jahre alt. Am Nordende des Waldes steht das *Wohldorfer Herrenhaus* von 1717. Es diente den Hamburger Ratsherren, die seit dem 15. Jh. über Wohldorf geboten, als Residenz bei ihren Visiten.

Moore und Sümpfe, Wälder, Wiesen und Heide prägen den **Duvenstedter Brook**. Ein Naturschutz-Informationshaus (Duvenstedter Triftweg 140, Tel. 040/6072466, www.nabu.de, April–Okt. Di–Fr 14–17, Sa 12–18 Uhr, So 10–18 Uhr) macht mit der ganzen Vielfalt dieser Wildnis am Stadtrand vertraut.

Ziel des Wanderweges ist die **Alsterquelle**. Sie entspringt im Alstermoor, ca. 3 km südlich der schleswig-holsteinischen Gemeinde Henstedt-Ulzburg. Ein metallenes Ziergitter über der Quelle zeigt eine Meerjungfrau, das Hamburger Stadtwappen und die Inschrift ›Quellgrund der Alster‹

Auf der Elbchaussee bis Blankenese: optische und kulinarische Genüsse

Einst war die Elbchaussee ein schmaler Sandweg, der die Dörfer **Ottensen**, **Othmarschen**, **Flottbek**, **Nienstedten** und **Blankenese** miteinander verband. Heute ist sie mit 10 km Länge die größte unter Hamburgs Straßen. Die Elbchaussee, das sind prächtige **Parklandschaften** am Ufer und gleichzeitig alptraumartiger Autofluss auf mehreren Spuren. Bereits Ende des 18. Jh. kam sie als Wohngegend in Mode: Reiche Hamburger und Altonaer Kaufleute ließen sich hier nieder, verwandelten Äcker und Wälder in feine französische Gärten und edle englische Parks. Geistvoll ging es hier auch zu! *Friedrich Gottfried Klopstock* scharte Dichter und Denker um sich, ebenso *Baron Caspar von Voght*. In seinem Landsitz bei Teufelsbrück gingen die Schönen, Reichen und Klugen ein und aus. Hamburger High Society, zu der sich ab und zu französische Literatur-Elite gesellte – Beaumarchais, Stendhal oder Madame de Staël. Während sich viele Hamburger und Zugereiste zunächst nur während des Sommers in den **Elbvororten** niederließen, verlegten im 19. Jh. zahlreiche Familien ihren Wohnsitz ganz ans Ufer der Elbe. Von nun an zelebrierte man *Wohnkultur* hinter griechisch-antik anmutenden Fassaden, inmitten üppigster Lustgärten – und ließ laue Sommerabende nur vom Mondschein und dem sanften Blöken der Schafe garnieren. Weiße **Villen** und vornehme **Landhäuser** erinnern heute noch an die *Poeten* und *Pioniere* von einstmals.

101 Elbchaussee

Feine Adresse trotz Verkehrslärm.

Bus 36, 286

Die Elbchaussee führt von Altona durch die Elbvororte Klein Flottbek und Nienstedten bis nach Blankenese. Über weite Strecken verläuft sie **parallel zur Elbe**. In den an der Elbchaussee gelegenen prächtigen Landhäusern wohnten schon im 18. Jh. begüterte Kaufleute und Reeder. Anfangs nutzten sie ihre Häuser nur während der Sommerfrische, später – im 19. Jh. – zogen sie dann endgültig hierher. Einige dieser Häuser befinden sich auch heute in Privatbesitz, gehören Verlegern, Bankiers und Industriellen. Andere Gebäude sind – wie das Jenisch-Haus – der Öffentlichkeit zugänglich gemacht.

Ein Spaziergang an der Elbe, ob auf der Straße oder auf dem Elbuferweg, lohnt sich auch noch aus einem anderen Grund: Zahlreiche Restaurants und Ausflugslokale bieten Lukullisches für jeden Geldbeutel – und nicht selten eine wunderschöne Aussicht auf die Elbe.

102 Jenisch-Haus mit Jenischpark

Vom Mustergut zum Museum für Wohnkultur mitten im Grünen.

Baron-Voght-Straße 50
Tel. 040/82 87 90
www.altonaermuseum.de
Di–So 11–18 Uhr
S 1, S 11 Klein Flottbek, Bus 39, 286 und Fährlinie 64 Teufelsbrück

Unter den zahlreichen Villen an der Elbchaussee ist das ganz in der Nähe des Anlegers Teufelsbrück in Klein Flottbek gelegene Jenisch-Haus sicherlich die beeindruckendste: Ein klassizistisches Herrenhaus, das inmitten des Jenischparks auf einem kleinen Hügel thront. Die **Villa** gehörte einst dem Hamburger Senator Martin Johann Jenisch, der entscheidend am Wiederaufbau Hamburgs nach dem Brand von 1842 beteiligt war. Er ließ das Haus 1831–34 nach Erstentwürfen von Karl Friedrich Schinkel von dem Architekten Franz Gustav Forsmann errichten. Heute gehören die Villa und der unter Naturschutz stehende Jenischpark der Stadt. Als **Museum für Kunst und Kultur an der Elbe**, das in perfektem Rahmen großbürgerliche Wohnkultur zeigt. Das Erdgeschoss ist mit Möbeln aus dem frühen 19. Jh. ausgestattet. Und das Obergeschoss präsentiert Exponate aus der Zeit zwischen Spätrenaissance und Jugendstil.

Die Geschichte des **Jenischparks**, der die Villa umgibt, beginnt allerdings schon früher: Bereits um 1785 kaufte der wohlhabende Hamburger Kaufmann Baron Caspar von Voght (1752–1839) in Klein Flottbek fünf Bauernhöfe. Beeinflusst durch mehrere Studienreisen nach England, wollte er auf diesem Areal ein Versuchs- und Mustergut im englischen Stil anlegen lassen, eine *Ornamented Farm* mit landwirtschaftlichen Nutzflächen, Bauernhäusern und Parkanlagen. Voght beauftragte den schottischen Gartenarchitekten James Booth mit der Errichtung der Anlage und ließ sich von ihm eine natürlich wirkende Gartenanlage

schaffen. Ausgedehnte Wiesenflächen, Teiche, Baum- und Buschgruppen und sogar ein Wasserfall prägen das Areal. Kein Wunder, dass der großzügige Jenischpark heute zumal an Wochenenden ein beliebtes Ausflugsziel ist.

103 Ernst-Barlach-Haus

Erinnerungen an den großen Bildhauer und Schriftsteller Ernst Barlach.

Baron-Voght-Str. 50 a
Tel. 040/82 60 85
www.barlach-haus.de
Di–So und Fei 11–18 Uhr
S 1, S 11 Klein Flottbek,
Bus 15 Marxsenweg

In einer Senke im nördlichen Teil des Jenischparks steht das im Atrium-Stil erbaute Ernst-Barlach-Haus. Es wurde von dem Hamburger Zigarettenfabrikanten Hermann F. Reemtsma gestiftet und 1961–62 von Werner Kallmorgen gebaut. Reemtsma wollte damit an seinen Freund, den Bildhauer und Schriftsteller Ernst Barlach (1870–1938) erinnern, der in Wedel, einer Kleinstadt unmittelbar vor den Toren Hamburgs, geboren wurde.

Reemtsmas Sammlung besteht aus plastischen Werken, Zeichnungen sowie druckgraphischen Arbeiten und Auto-

Klassizistische Schönheit – weiß leuchtet das Jenisch-Haus aus dem umgebenden Parkgrün

graphen aus dem Œuvre Barlachs. Die Gestaltungskraft dieses Künstlers tritt beim ›Fries der Lauschenden‹ besonders deutlich zu Tage: Es besteht aus neun Holzskulpturen, in deren Gesten und Gesichtsausdrücken sich die unterschiedlichsten Empfindungen beim Musikgenuss spiegeln. Außerdem werden regelmäßig Sonderausstellungen gezeigt.

104 Botanischer Garten

Einst Mustergut eines Barons, heute Botanischer Garten.

Ohnhorststraße
Tel. 040/42 81 64 76
www.bghamburg.de
tgl. 9–1,5 Std. vor Sonnenuntergang
S 1, S 11 Klein Flottbek, Bus 21, 15 und Fährlinie 64 Teufelsbrück

Hamburgs Botanischer Garten ist von betörender Schönheit. Vom Frühjahr bis in die späten Herbst blühen seine Blumen in allen Farben des Regenbogens, im Sommer durchzieht der Duft ungezählter Rosen die Anlage.

Gegliedert ist der Botanische Garten in drei Bereiche. Nahe dem Eingang geht es um die vielfältigen Beziehungen zwischen Mensch und Pflanze: Wir nutzen sie als Medizin und missbrauchen sie als Gift, schmücken unsere Wohnungen und Gärten mit Blumen und ernähren uns

von Getreide. Diesen Aspekt vertieft das **Loki-Schmidt-Haus – Museum für Nutzpflanzen** (April–Okt. Di–Sa 13–17, So 10–17 Uhr). In einem blauen Kubus zeigt es all die Pflanzen, die der Mensch verwertet. Höchst originell ist der Bibelgarten, in dem Pflanzen, die in der Heiligen Schrift erwähnt werden, gedeihen.

Im Gelände zur Pflanzengeografie kann man die Herkunft der unterschiedlichen Gewächse studieren. Und schließlich verdeutlicht die Phylogenetische Uhr, wie sich die Pflanzenarten entwickelten: Nach dem Vorbild eines Ziffernblattes angeordnet, führt sie durch Entwicklungsgeschichte und Verwandtschaftsverhältnisse der Flora auf Erden. Als erste Art entstanden vor gut 300 Mio. Jahren – quasi kurz nach Mitternacht – die Nadelgehölze. Vergleichsweise jung – auf der Pflanzenuhr also nach 23 Uhr angesiedelt – sind die Doldenblüter, zu denen beispielsweise der Engelwurz gehört.

105 Nienstedten

Ausflugslokale mit Tradition.

Bus 36, 286 bis Nienstedten

Entlang der Elbe in Richtung Nienstedten reihen sich die Landhäuser und Villen reicher Kaufleute: Man sieht das **Elbschlösschen** (Nr. 372), 1804–06 von

Ein Stück des Neuen Botanischen Gartens ist in Form einer japanischen Teichanlage gestaltet

Matthias Hansen errichtet, das **Landhaus Linderhof** (Nr. 388) aus dem Jahr 1798 sowie das hübsche **Landhaus Linnich** (Nr. 400) aus dem Jahr 1805.

Das Dörfchen Nienstedten war früher Pfarrmittelpunkt der Elbvororte. Kein Geringerer als Georg Philipp Telemann war verantwortlich für die Festmusik bei der Einweihung der **Nienstedtener Kirche** an der Elbchaussee im Jahr 1751.

Auf dem ganz in der Nähe gelegenen *Friedhof* befinden sich zahlreiche Gräber von Reeder- und Kaufmannsfamilien sowie die Ruhestätten des Barons Caspar von Voght und seines schottischen Landschaftsgärtners James Booth. Ebenso liegen in Nienstedten der Hamburger Dichter *Hans Henny Jahnn* (1894–1959) und der Schriftsteller *Hubert Fichte* (1935–1986) begraben.

Direkt an der Elbchaussee stehen zwei traditionsreiche Restaurants. Das **Louis C. Jacob** (Nr. 401– 403), heute ein Hotel mit Feinschmecker-Restaurant, war bereits im 18. Jh. ein beliebtes Ausflugslokal. *Max Liebermann* gefiel das Gasthaus mit seiner Lindenterrasse so gut, dass er es auf einem Gemälde verewigte, das heute in der Hamburger Kunsthalle hängt. Im Nobel-Restaurant **Landhaus Dill** (Nr. 94 auf der gegenüberliegenden Straßenseite wurde schon 1814 für Gäste gekocht.

Prächtiges Ergebnis brüderlicher Rivalität ist die klassizistische Weiße Villa im Hirschpark

106 Hirschpark

Klassizistische Villen eines dänischen Landbaumeisters.

S 1 Blankenese

Auch der Hirschpark bei Blankenese wurde im **englischen Stil** angelegt, Besitzer war Johann Caesar IV. Godeffroy, ein bedeutender Hamburger Reeder. Godeffroy beauftragte 1789 den dänischen Landbaumeister in Holstein und Altona, Christian Frederik Hansen (1756–1845), mit dem Bau einer **Villa** im frühklassizistischen Stil.

Hansen, der sich zuweilen an der griechischen Antike orientierte, war neben Johann August Arens (1757–1806) der wichtigste Architekt des Klassizismus in Hamburg. Für ihn, der sein spärliches amtliches Salär aufbessern musste, war das Hirschpark-Landhaus der erste private Auftrag.

Ein zweiter sollte bald folgen, ebenfalls von der Familie Godeffroy. Peter Godeffroy, ein vermögender Bruder von Johann Caesar, ließ sich 1790–92 von Hansen in unmittelbarer Nachbarschaft ein noch prächtigeres Landhaus, die **Weiße Villa** (Elbchaussee 547), errichten. Die Reliefs in Vestibül und Gartensaal sind Gipsabdrücke antiker Originale aus Rom, die ursprünglich für das Marmorpalais in Potsdam bestimmt waren. Die Kunstwerke kamen durch einen Zufall nach Hamburg, denn das Schiff, das sie transportierte, lief vor Blankenese auf Grund – und Godeffroy kaufte die Ladung.

Der ideale Ort für eine kleine Pause im Hirschpark sind die **Witthüs Teestuben**. Das reetgedeckte Backsteingebäude war um das Jahr 1800 als Kavaliershaus des Godeffroyschen Hirschpark-Landhauses erbaut worden. In dem kleinen Häuschen, das heute unter Denkmalschutz steht, lebte von 1931 bis zu seinem Tod der Dichter und Orgelbauer Hans Henny Jahnn (1894–1959) – unterbrochen nur durch die Jahre im Bornholmer Exil 1934–50.

Abendstimmung am Bootsanleger von Blankenese mit Blick auf das Treppenviertel

Blankenese

TOP TIPP *Die ›Perle an der Unterelbe‹ zieht die Oberen Zehntausend magisch an.*

S 1 Blankenese

In Blankenese, nur 14 km von Hamburgs Stadtmitte entfernt, wohnen bevorzugt Wohlhabende, Künstler und Prominente. Seiner fast südländisch anmutenden Atmosphäre, seiner Hanglage direkt am Elbufer, den hübschen, weiß getünchten Fischerhäuschen und engen verwinkelten Gassen verdankt das reizende Viertel den Beinamen ›Perle an der Unterelbe‹. Am Strandweg längs des Flusses locken zudem zahlreiche Cafés und Restaurants.

Entstanden ist Blankenese wohl aus einer Fährstelle – als solche wird der Ort im 14. Jh. erstmals urkundlich erwähnt. Noch heute kann man von der **Landungsbrücke Blankeneser Bulln** mit dem Schiff nach Cranz im Alten Land übersetzen. Im 18. Jh. wagten sich die Fischer von Blankenese immer weiter auf das offene Meer hinaus. So erfolgreich verliefen diese Fahrten, dass der Ort um die Mitte des Jahrhunderts Standort der größten Hochseefischerei-Flotte Norddeutschlands war. Aus dieser Zeit stammen einige der reetgedeckten **Kapitäns- und Fischerhäuschen** am Blankeneser Hang. Im alten, noch dörflich anmutenden Ortskern sind Autos verboten, wer hinunter an die Elbe will, muss schon eine der vielen Treppen – es gibt 58! – benutzen. Mit dieser Situation musste auch der Schriftsteller und Historiker *Golo Mann* (1909–1994) leben, der in der Gasse Rutsch wohnte.

Weitaus großzügiger präsentieren sich die gegen Ende des 18. und Anfang des 19. Jh. erbauten Landsitze reicher Kaufleute. Umgeben waren sie oft von ausgedehnten Landschaftsgärten. Noch heute erhalten ist *Baurs Park* am Jachthafen Mühlenberg, den der Kaufmann Georg Baur anlegen ließ.

Auf einer Hügelkuppe inmitten von *Goßlers Park* steht das Goßlerhaus. Christian Frederik Hansen entwarf die klassi-

Keck reckt der Turm des Süllberghotels seine Spitze in den blauen Himmel über Blankenese

zistische Villa 1794/95. Ein Raum birgt die **Horst-Janssen-Bibliothek** (Goßlers Park 1, www.janssen-bibliothek.com, 2. und 4. Do/Monat 15–19 Uhr). In ihren Regalen steht ein Gutteil der fast 2000 Bücher und Schriften aus der Feder des großen Hamburger Zeichners.

108 Sagebiels Fährhaus und Süllberg

Ausflugsziel mit Tradition.

Blankeneser Hauptstraße 107
www.sagebielsfaehrhaus.de
S 1 Blankenese

In günstiger Aussichtslage über der Elbe liegt **Sagebiels Fährhaus**. Der 1826 im Stil einer niedersächsischen Fachwerkkate errichtete Bau wurde um 1868 an den Wirt Wilhelm Sagebiel verkauft, der es zu einem beliebten Ausflugsziel machte.

Dahinter ragt der **Süllberg** stolze 75 m auf. Seit dem Jahr 1887 bekrönt ein Gebäude-Ensemble im Stil einer Burg die Anhöhe, heute genutzt vom *Hotel Süllberg* (www.suellberg-hamburg.de) mit gleichnamigem Gourmetrestaurant. Von seiner Terrasse bietet sich eine herrliche Aussicht auf die Elbe, die Fabriken der Airbus Deutschland AG an ihren Ufern und das Alte Land dahinter. Bereits im 11. Jh. stand hier eine *Burg*, von der aus weiland Erzbischof Adalbert von Bremen-Hamburg (1045–1072) seinen Sprengel bis weit nach Skandinavien ausdehnte.

109 Puppenmuseum Falkenstein

Ein Puppenmuseum in einem Avantgardebau.

Grotiusweg 79
040/81 05 82
www.elke-droescher.de
Di–So und Fei 11–17 Uhr
Bus 189 Tinsdaler Kirchenweg,
Bus 286 Falkenstein

Der Sven-Simon-Park am Falkenstein ist nach dem Pseudonym des Sohns von Axel Cäsar Springer benannt. Springer junior, ein gefeierter Fotograf – er bannte Uwe Seeler in Wembley auf Zelluloid – und Chefredakteur der Welt am Sonntag, beging 1980 mit 39 Jahren Selbstmord. Inmitten des Parks steht die **Villa Michaelsen** von 1923–25. Kein Geringerer als Karl Schneider (1892–1945), einer der innovativsten Architekten im Hamburg der 1920er-Jahren, hatte den weißen Backsteinbau für Ite (Elise) Michaelsen entworfen. Für die kunstinteressierte Frau eines Fabrikanten schuf er ein Musterbeispiel der *Neuen Sachlichkeit*. Kubische Elementen und geglückte Proportionen lassen es bis heute modern wirken.

Heute ist hier das Puppenmuseum Falkenstein mit der **Sammlung von Elke Dröscher** untergebracht. Mehr als 300 europäische Puppen und 60 Puppenstuben, Kaufmannsläden, Kupferstiche, Bilderbögen und Kinderbücher aus mehreren Jahrhunderten kann sich der interessierte Besucher ansehen.

Hamburg und der Hafen: unzertrennlich wie Ebbe und Flut

Hamburg und der Hamburger Hafen gehören zusammen wie Ebbe und Flut. Begonnen hat die Geschichte der Stadt Hamburg als **Alsterhafen**, der jedoch schon im 16. Jh. vom natürlichen **Elbhafen** abgelöst wurde. Mit der Dampfschifffahrt wurden Hafenbecken und Kaianlagen erweitert, Ende der 1960er-Jahre wurde das Areal zum **Containerhafen** umgebaut. Heute dominieren riesige Container-Terminals die Skyline des auf 14,5 m Tiefe ausgebaggerten Hamburger Hafens. Teils computergesteuerte Containerbrücken und Kräne sorgen dafür, dass all die Schiffe, die den Hafen jeden Tag anlaufen, zügig entladen werden.

Der Hamburger Hafen ist der **größte Hafen Deutschlands** und erstreckt sich über eine Fläche von 7236 ha. Mit rund 155 000 Arbeitsplätzen ist er zudem der wichtigste Arbeitgeber der Hansestadt. Jährlich werden hier rund 120 Mio. Tonnen Seegüter umgeschlagen, davon rund 80 Mio. Tonnen Container. Über 10 000 Schiffe aus aller Welt laufen Hamburg pro Jahr an. Sie bringen Kaffee aus Südamerika, Tee aus Indien, High-Tech-Geräte aus Asien, Gewürze, Getreide oder Kohle. Hamburg ist zudem **Transithafen** für Österreich und die Schweiz, Skandinavien sowie Zentral- und Osteuropa. China ist der wichtigste Handelspartner der Hansestadt, rund die Hälfte des Containerverkehrs wird mit Asien abgewickelt. An zweiter Stelle steht der Ostseeraum.

Die Wogen der See waren es wohl, die die Konstrukteure der Norderelbbrücke inspirierten

110 Neuer Elbtunnel

Straßentunnel tief unter dem Wasserspiegel.

Autobahn A7

Die Elbe ist für Hamburg Tor zur Welt und Verkehrshinderniss in einem. Denn während Containerschiffe auf ihrem Wasser ungehindert dem Hafen entgegengleiten, blockiert sie den Autoverkehr zwischen Nord- und Südteil der Stadt. Die wenigen Elbbrücken sind deshalb chronische Staufallen.

Entlastung sollte der 1975 eingeweihte Neue Elbtunnel bringen. Seine vier Röhren – die bislang letzte wurde 2003 eröffnet – sind Teil der Bundesautobahn A 7, einer der wichtigsten Nord-Süd-Verbindungen Deutschlands. Entsprechend hoch ist das Verkehrsaufkommen: Jeden Tag wird der Tunnel von etwa 120 000 Autos und LKWs durchfahren, während der Urlaubszeit sind es sogar noch deutlich mehr. Insgesamt ist der Tunnel 3325 m lang. Auf über einem Kilometer verläuft er unmittelbar unter der Elbe – und zwar in bis zu 38 m Tiefe.

111 Köhlbrandbrücke

Imposantes Wahrzeichen am Rand des Hamburger Hafens.

Autobahn A7

Ein modernes Wahrzeichen Hamburgs ist die 1970–74 erbaute und 4 km lange Köhlbrandbrücke. Sie quert den 300 m breiten, Köhlbrand genannten Mündungsarm von der **Norder-** in die **Süderelbe**. In einer Höhe von 50 m über dem Wasserspiegel verläuft die Fahrbahn; 130 m hoch sind die beiden markanten *Pylonen*, welche die Brückenkonstruktion tragen. Fußgänger und Radfahrer dürfen sie nicht benutzen.

Weitsicht an der Elbe – jenseits der markanten Köhlbrandbrücke erstreckt sich der Hafen

112 BallinStadt

Tor zur Welt für fünf Millionen Auswanderer in den Jahren 1850 bis 1939.

Veddeler Bogen 2
Tel. 040/31 97 91 60
www.ballinstadt.de
März–Okt. tgl. 10–18 , sonst bis 16.30 Uhr, letzter Einlass jew. 60 Min. vorher
S3, S 31 Veddel oder ab St.-Pauli-Landungsbrücken, Brücke 10 mit der Barkasse der Maritime Circle Line bis BallinStadt (s. S. 131)

Im 18. Jh. wurde Hamburg für Millionen von Menschen zum Hafen der Träume. Diese Träume handelten von einem Leben in Freiheit und Wohlstand in der Neuen Welt. Port of Dreams – Hafen der Träume – ist auch das Motto des Museums BallinStadt auf dem Areal der historischen **Auswandererstadt**. Die Reederei HAPAG hatte hier in den Jahren 1891–1901 unter ihrem Generaldirektor Albert Ballin Quartiere errichten lassen, in denen die Emigranten untergebracht waren, bevor sie an Bord gingen. Es gab Empfangsgebäude, Schlaf- und Wohnpavillons, zwei Hotels, Speisehallen, eine Kirche, einen Musikpavillon, Verwaltungsgebäude, Lazarett, Gepäckschuppen und Stallungen.

Schauplätze der **Erlebnisausstellung** sind drei Gebäude, die nach alten Bauplänen rekonstruiert wurden. In *Haus I* können sich Besucher auf Spurensuche nach eigenen Vorfahren begeben. Die Grundlage dafür bilden Passagierlisten und die größte genealogische Datenbank der Welt. Im Mittelpunkt der Hauptausstellung in *Haus II* stehen die Träume und Hoffnungen sowie die Lebensumstände der Auswanderer, anschaulich dargestellt mithilfe audiovisueller Installationen, historischen Bildmaterials und persönlicher Erinnerungsstücke. Man verfolgt den Weg eines typischen Auswanderers von der Entscheidung zum Aufbruch über den Auswandererhafen Hamburg bis zur Ankunft in der Neuen Welt. In *Haus III* befinden sich die Rekonstruktion eines Schlafsaals von 1910 und ein Restaurant.

113 Hafenmuseum Hamburg

Einblicke in die Arbeit im Hafen im Wandel der Zeit.

Australiastraße, im Kopfbau des Schuppens 50A
Tel. 040/73 09 11 84
www.hafenmuseum-hamburg.de
Ostern–Okt. Di–So 10–18 Uhr

Das Hafenmuseum ist in einem Backstein-Speichergebäude am Hansahafen untergebracht. Am authentischen Ort taucht man hier ein in die Arbeitswelt der Menschen, die Hamburgs Hafen am Laufen halten. Besonders interessant sind die auf dem Freigelände versammelten Großmaschinen. So liegt am Kai ein Schwimm-Dampfkran vertäut, mit dem schwere Lasten von Schiffen geholt wurden. Gelegentlich setzt sich sogar der Van-Carrier in Bewegung. Mit solchen Hubwagen werden Container über den Hafen transportiert.

Vom Schreibtisch in die Welt – Nachbau von Albert Ballins Büro im Museum BallinStadt

Schiffe und Kran-Kuddelmuddel in romantischem Licht: der Hafen der Hansestadt

Hamburger Hafen – Herzstück der Hansestadt

Der Hamburger Hafen: **Dreh- und Angelpunkt der Stadtpolitik**. Begonnen hat die Geschichte des Hafens nicht an der Elbe, sondern an der **Alster**, dem kleinen Nebenfluss. Im 12. Jh. wohnten die Kaufleute in der **Reichenstraße**, die entlang des Reichenstraßenfleets verlief. Dieser mündete in die Alster. Hier machten die Schiffe zum Be- und Entladen fest und brachten den Handelsherren den Reichtum, der der Straße den Namen gab.

Mit der Gründung der Neustadt (um 1189) unmittelbar an der Alster wurde ein größerer Hafen notwendig. Die S-förmig gekrummte Alster wurde oberhalb der Trostbrücke zum Nicolaifleet. Zusammen mit den von dort aus abzweigenden Fleeten lag hier für Jahrhunderte der Hamburger Hafen.

Die Hamburger Politik kannte zu dieser Zeit nur ein Ziel: die vorgelagerten Elbinseln und das Gebiet, in dem sich Norder- und Süderelbe trennten, unter die Herrschaft der Stadt zu bringen. Im Jahr 1395 kamen **Moorwerder** und **Ochsenwerder** in hamburgischen Besitz. Zielstrebig begann man, den Strom zu regulieren, sodass die ursprünglich breitere und besser durchspülte Süderelbe Wasser verlor, das hinfort durch die Norderelbe und damit an Hamburg vorbeifloss. Hamburg wurde vom Alster- zum **Elbehafen**.

Noch bis in die 1930er-Jahre nutzte man die Elbe als Schiffsliegeplatz allerdings nur in einer Art: Im Strom wurden Duckdalben, meterlange Eichen- oder Lärchenstämme, niedergebracht, an denen die Seeschiffe festmachten. Die Fracht wurde dann auf kleinen Schiffen, den Schuten, in den Hamburger Hafen und dort zu den Speichern gebracht. Eine Vorgehensweise, die viel zu umständlich war, um dem schnell wachsenden **Warenumschlag** zu genügen.

Hamburg brauchte ein echtes Hafenbecken mit einer Kaimauer, mit Kränen und Lagermöglichkeiten. Mitte des 19. Jh. nahm man den Bau des **Sandtorhafens** im Stadtgraben in Angriff. Diskutiert wurde zu dieser Zeit eine gewichtige Entscheidung: Sollte der Hamburger Hafen gegen die Elbe und damit gegen den Wechsel von **Ebbe und Flut** abgesperrt werden?

In den modernen englischen Häfen fand sich das Dockprinzip, für das eine Schleuse notwendig war. Im Gegensatz zu den englischen Häfen machte in Hamburg der Unterschied zwischen Ebbe und Flut jedoch nur zwei Meter aus. Da eine Schleuse als hinderlich für den Schiffsverkehr erachtet wurde und im Winter zudem die Gefahr bestanden hätte, dass ein vom Fluss getrennter Dockhafen zufriert, entschied man sich schließlich gegen den Bau eines Dockhafens.

So bekam Hamburg einen **offenen Tidehafen**, der ständig ausgebaggert werden musste. Eine Entscheidung, die sich bis in die heutige Zeit offensichtlich als richtig erwiesen hat.

Ausflüge ins Umland von Hamburg: Idylle pur

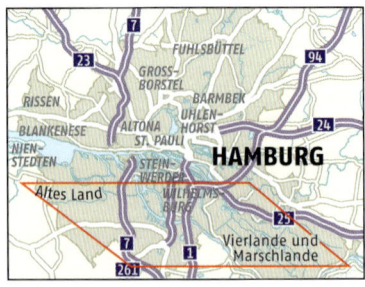

Für Ausflüge in die Umgebung von Hamburg bieten sich die idyllischen **Vierlande**, **Marschlande** sowie das **Alte Land** an. In diesen Hamburger Obst- und Gemüsegärten lässt es sich nicht nur herrlich spazieren gehen. *Freilichtmuseen* zeigen, wie die Bauern hier in den vergangenen Jahrhunderten gelebt und gearbeitet haben. Weniger ländlich, aber dennoch einen Ausflug wert sind die Stadtteile **Harburg** und **Wilhelmsburg**, die sich auch als bedeutende Industriestandorte zum Teil ihre historischen Stadtkerne bewahrt haben.

114 Wilhelmsburg

Mission Nachhaltigkeit in Hamburgs Arbeiterbezirk.

Zufahrt über A1/A7, dann B4/B75
S 3 Wilhelmsburg

In Wilhelmsburg mischen sich Industrie- und Hafenanlagen mit ausgedehnten Arbeiterquartieren und einigen Reihenhaussiedlungen. Der Stadtteil gilt als Hamburgs ›Problembezirk‹, hier ist das Durchschnittseinkommen niedriger als irgendwo sonst in der Hansestadt, es gibt besonders viele Schulabbrecher und auch die Arbeitslosenquote ist vergleichsweise hoch.

Da lag es nahe, den Stadtteil aufzuwerten, indem man ihn zur Bühne der **Internationalen Bauausstellung 2013** (IBA, www.iba-hamburg.org, bis 3. Nov. 2013) machte. Erste Anlaufstelle für Architektur-Interessierte ist das **IBA-Dock** (Tel. 040/226 22 72 28, Di–So 10–18 Uhr). In dem schwimmenden Haus im Müggenburger Zollhafen werden Modelle und Filme zu jenen Projekten gezeigt, die das Motto der IBA – ›Stadt neu bauen‹ – mit Leben erfüllen sollen.

Besonders viele Vorhaben wurden in **Wilhelmsburg Mitte** rund um die Neuenfelder Straße verwirklicht. Das Architekturbüro Sauerbruch Hutton schuf die formschöne *Behörde für Stadtentwicklung und Umwelt*, das Hotel *Wälderhaus* (www.waelderhaus.de) besteht vollständig aus Holz. Passend zum Baumaterial ist dort auch eine Ausstellung über den Wald zu sehen. Südlich der S-Bahnstation Wilhelmsburg erstreckt sich das Areal der **Internationalen Gartenschau**.

Das historische Zentrum Wilhelmsburgs bildet Kirchdorf. Dort stehen die *Kreuzkirche* (1614) und das alte Küsterhaus. Vervollständigt wird das Ensemble vom Amtshaus von 1724. Es wurde auf den Grundmauern einer mittelalterlichen Burg errichtet. Im Inneren informiert das **Museum Elbinsel Wilhelmsburg** (Kirchdorfer Str. 163, Tel. 040/31 18 29 28, www.museum-wilhelmsburg. de, April–Okt. So 14–17 Uhr) über die Geschichte des Stadtteils.

115 Stadtmuseum Harburg

Geschichten über Industrie und Deiche im Süden Hamburgs.

Museumsplatz 2
Tel. 040/428 71 36 09
www.amh.de
Di–So 10–17 Uhr
S 3 Harburg

Nicht nur Hamburg als Ganzes, auch seine Stadtteile können auf eine stolze Geschichte zurückblicken. Von jener Harburgs berichtet das Stadtmuseum in Wechselausstellungen: Ab 1527 war der Ort Residenz einer Nebenlinie des Herzogtums Braunschweig-Lüneburg. Entstanden war die Siedlung rund um die Horeburg, die ab 1133 den Elbübergang sicherte. Dank seines Elbehafens avancierte Harburg im 19. Jh. zum Industriestandort. Erst 1937 erfolgte schließlich die Eingemeindung nach Hamburg.

116 Archäologisches Museum Hamburg

*Wenn Scherben sprechen könnten:
Blick zurück auf das alte Hamburg.*

Harburger Rathausplatz 5
Tel. 040/428 71 24 97
www.amh.de
Di–So 10–17 Uhr
S 3 Harburg

Eigentlich ist Ravensburger eher für seine Spiele, Puzzles und Kinderbücher bekannt. In Hamburg-Harburg trat das Unternehmen jedoch den Nachweis an, dass es auch Museumsausstellungen familiengerecht zu gestalten weiß.

Schon der Beginn des Rundgangs kommt überraschend daher: Denn um den ersten Raum zu betreten, muss man eine milchig weiße Mauer aus Eiswürfelbereitern durchschreiten. Sie sollen die Gletscher symbolisieren, die noch vor 16 000 Jahren die norddeutsche Tiefebene bedeckten. Im anschließenden Geröllfeld kann man sich auf die Suche nach prähistorischen Zeugnissen begeben.

Den Bezug zur Gegenwart stellt ein übergroßer Plan des Hamburger U-Bahn-Netzes her, der den Boden eines Ausstellungsraumes bedeckt. Über den Plan verteilte Stelen, auf denen Ausgrabungsstücke präsentiert werden, markieren die jeweiligen Fundorte. Nicht minder originell ist die Präsentation eisenzeitlicher Fischerwerkzeuge in einer überdimensionalen Konservenbüchse.

117 Sammlung Falckenberg

*Privatsammlung modernster Kunst
in strahlend weißen Räumen.*

Wilstorfer Straße 71
Tel. 040/32 50 67 62
www.sammlung-falckenberg.de
Führungen Mi/Do 18, Fr 17, Sa/So 11
und 15 Uhr, nur auf Anmeldung
S 3 Harburg

Harald Falckenberg, lange Jahre Geschäftsführer eines mittelständischen Unternehmens, trug seit Mitte der 1990er-Jahre seine Sammlung zeitgenössischer Kunst zusammen. In einem Interview erklärte er einmal, Kunst sei »alles, was der Alltag nicht ist«. So durchbrechen die in umgebauten Fabrikhallen der Phoenix AG ausgestellten Werke immer wieder die Grenze zwischen Realität, Traum und Albtraum und konfrontieren den Betrachter mit radikal neuen Perspektiven: Jonathan Meese verfremdet deutsche Mythen, Mike Kelley stellt sich der Paranoia der Mittelklasse und Daniel Richter lotet die Möglichkeiten abstrakter Malerei aus. Da die Installationen und Bilder regelmäßig ausgetauscht werden, gibt es immer wieder Neues zu entdecken.

Idylle am Hamburger Stadtrand, hier etwa am Veringkanal im Ortsteil Wilhelmsburg

118 Altes Land

Blütenpracht zwischen reetgedeckten Bauernhäusern.

B 73 ab Harburg
S 3 Stade, R50 Richtung Cuxhaven
HVV-Fähren 62 bis Finkenwerder, 64 bis Teufelsbrück
HADAG-Niederelbfahrt (April–Sept.) bis Stadersand, Shuttelbus bis Stade

Entlang der Elbe, zwischen Finkenwerder und Stade, breitet sich das Alte Land aus. So weit das Auge reicht gedeihen in Deutschlands größtem Obstanbaugebiet Apfel- und Kirschbäume. Von bezaubernder Schönheit sind sie während der Blütezeit im Frühjahr.

Der etwa 30 km lange und bis zu 7 km breite Marschgürtel wurde im 12. und 13. Jh. von Holländern besiedelt. Sie deichten das damals sumpfige Land ein und entwässerten es. Die ersten Obstbäume pflanzten jedoch Mönche aus **Stade** (47 000 Einwohner) im 14. Jh. An der Mündung der schiffbaren Schwinge in die Elbe gelegen, war diese Stadt seit dem Hochmittelalter ein wichtiger *Handelsumschlagplatz*. Entsprechend repräsentativ sind die Fachwerkhäuser am Alten Hafen. Auch die Altstadt und das barocke *Rathaus*, das von einem prächtigen Portal geschmückt wird, zeugen von vergangener Kaufmannsherrlichkeit. Die *Wilhadi-Kirche* (um 1340) hat einen geschnitzten *Altar* aus der Zeit um 1500. Er

überstand als einziges mittelalterliches Kunstwerk den verheerenden Stadtbrand von 1659. In *St. Cosmae*, im 13. Jh. errichtet und mehrfach umgebaut, finden sich eine Arp-Schnitger-Orgel (1668–73) sowie ein barocker Schnitzaltar (1677) des Hamburgers Christian Precht.

Mit Kopfstein gepflasterte Gassen durchziehen die Altstadt der einstigen Hansestadt **Buxtehude** (40 000 Einwohner). Ihr Zentrum bildet die im 13. Jh. begründete Kirche St. Petri. Im benachbarten *Heimatmuseum* erhält man einen Überblick über die Lebensweise der Altländer. Ein wenig holländisch mutet das Estefleet an, der frühere Binnenhafen.

Als Hauptstadt des Alten Landes gilt **Jork**. Hier stößt man auf viele *Altländer Bauernhäuser*. Die roten Ziegelsteinmauern dieser stattlichen Gehöfte werden von weißen, mit fantasievollen Schnitzereien versehenen Fachwerkstreben gegliedert. Manchen Giebel ziert ein Schwanenkopf. Besonders repräsentativ ist der *Gräfenhof*, das Rathaus von Jork. Sein Trau- und Bürgermeisterzimmer ist im typischen Stil der Region eingerichtet. Das *Museum Altes Land* (Westerjork 49, Tel. 04162/5715, www.tourismus-altesland.de, April–Okt. Di–So 11–17, Nov.–März Mi, Sa/So 13–16 Uhr) berichtet von der Lebensweise der Altländer. Der spätbarocke Altar in der Kirche *St. Matthias* zeigt das Ostergeschehen, an der Seite stehen Skulpturen der vier Evangelisten. Die Orgel schuf Arp Schnitger (1648–1719).

Märchenhafte Stimmung in den fachwerkgesäumten Straßen der einstigen Hansestadt Stade

Der bedeutendste norddeutsche Orgelbauer der Barockzeit lebte und starb im nahen **Neuenfelde**. Auch in der dortigen Kirche *St. Pankratius* stößt man auf eine seiner Orgeln.

Das **Guderhandviertel** bei Steinkirchen prägen zahlreiche *Altländer Bauernhöfe*, deren Prunkpforten aufwändige Schnitzereien schmücken. Typisch sind auch die *Braut-Türen*, die nur zu besonderen Anlässen geöffnet wurden.

In **Estebrügge** schließlich ist der mit 8000 Schindeln gedeckte Holzturm der Kirche *St. Martini* sehenswert. Er hat sich im Lauf der Jahrhunderte um 36 Grad gedreht, da der weiche Marschboden unter seinem Druck nachgab.

119 Vierlande und Marschlande

Gemüse- und Obstgarten der Hansestadt.

A 25 bzw. B 5 nach Bergedorf
S 2, S 21, R 20 Bergedorf
dann: Bus 225 Curslack, Bus 227 Neuengamme, Bus 228 Altengamme

Im Südosten Hamburgs, zwischen Elbe und Geestkante, liegen die Vierlande und Marschlande. Das rund 130 km² große Gebiet ist für **Gemüseanbau** und **Blumenzucht** bekannt. Bereits um 1200 begannen die Bauern, dieses Strömungsgebiet der Elbe zu entwässern, Deiche anzulegen und Häuser zu bauen. Zu erstem Wohlstand kamen sie durch den **Getreideanbau**. Ab dem 18. Jh. bauten die Marschländer immer mehr Gemüse an, die Vierländer spezialisierten sich auf Blumen- und Pflanzenzucht. Ihre Produkte bieten sie noch immer auf den Hamburger Märkten an.

Curslack hat sich seinen dörflichen Charakter bewahrt. Die Fachwerkkirche *St. Johannis* geht auf das Jahr 1599 zurück. Die Kanzel zieren von floralen Motiven umgebene biblische Gestalten. Im *Vierländer Freilichtmuseum* (Curslacker Deich 284, Tel. 040/723 12 23, www.altonaer-museum.de, April–Sept. Di–So 10–17, Okt.–März Di–So 10–16 Uhr) steht das Rieck-Haus aus dem 16. Jh. Es ist mit Vierländer Möbeln eingerichtet. Auch eine Scheune (1663) sowie eine Entwässerungsmühle (1800) gehören zum Ensemble.

Auch in **Neuengamme** beeindrucken reich verzierte *Bauernhäuser*. Den Innenraum der Kirche *St. Johannis* (Baubeginn

Blütenmeer und Bockwindmühle im Freilichtmuseum Rieck-Haus in Curslack

im 13. Jh.) schmücken das mit Intarsien verzierte Gestühl aus dem 17.–19. Jh. und Kronleuchter aus den Jahren 1596 und 1644. In Neuengamme befindet sich auch eine *KZ-Gedenkstätte* (Tel. 040/428 13 15 00, www.kz-gedenkstaette-neuengamme.de, Mo–Fr 9.30–16, Sa/So/Fei 12–19, Okt–März nur bis 17 Uhr): 1938 richteten die Nazis dieses Außenlager des KZ Sachsenhausen ein. 55 000 Menschen wurden hier bis 1945 ermordet. Eine *Ausstellung* berichtet vom Leid der Gefangenen.

St. Nikolai, die Dorfkirche von **Altengamme**, ist eine der schönsten Dorfkirchen Norddeutschlands. Sie wurde im 13. Jh. erbaut. Im frei stehenden Glockenturm hängt die 1487 gegossene Celsaglocke. Sie stammt wie die Taufe aus dem Hamburger Mariendom [s. S. 39]. Aufmerksamkeit verdient das mit Intarsien und Schnitzereien verzierte Gestühl.

In den **Marschlanden** wohnten bis Anfang des 20. Jh. wohlhabende Kaufleute in großen Landhäusern. In einem von ihnen, dem 1600 errichteten Glockenhaus, ist das *Deutsche Maler- und Lackierer-Museum* (Billwerder Billdeich 72, Tel. 040/733 87 06, www.malermuseum.de, Febr.–Nov. Sa/So 10–13 Uhr) untergebracht. Es zeichnet die Entwicklung dieses Handwerks nach.

Über die Vor- und Frühgeschichte der Region informiert das *Museum für Bergedorf und die Vierlande* (Bergedorfer Schlossstraße 4, Tel. 040/428 91 25 09, www.bergedorfmuseum.de, Nov.–März Di–Do 12–16 Uhr, Sa/So 11–17 Uhr, April–Okt. Di–Do 11–17 Uhr, Sa/So 11–18 Uhr) im Bergedorfer Schloss.

Hamburg aktuell A bis Z

Vor Reiseantritt

ADAC Info-Service:
Tel. 0800 5/10 11 12 (Mo–Sa 8–20 Uhr)

Unter dieser Telefonnummer können ADAC Mitglieder auch kostenloses **Informations- und Kartenmaterial** anfordern.

ADAC im Internet:
www.adac.de
www.adac.de/reisefuehrer

Hamburg im Internet:
www.hamburg.de
www.hamburg-tourismus.de

Informationsmaterial und Buchungsmöglichkeit bei der:

Hamburg Tourismus GmbH, PF 102249, 20015 Hamburg, Hamburg Hotline, Tel. 040/300 51-300 (Mo–Sa 9–19 Uhr)

Allgemeine Informationen

Tourismusämter

Tourist Information im Hauptbahnhof, Hauptausgang Kirchenallee, Mo–Sa 9–19, So, Fei 10–18 Uhr

Tourist Information am Hafen, St.-Pauli-Landungsbrücken, zwischen Brücke 4 und 5, So–Mi 9–18, Do–Sa 9–19 Uhr

Tourist Information Airport Office, Airport Plaza, zwischen Terminal 1 und 2, tgl. 6–23 Uhr

Die günstige **Hamburg Card** sowie die auch jenseits der Stadtgrenzen (im gesamten HVV-Bereich, also etwa bis Lüneburg, Stade, Ratzeburg, Mölln oder Bad Segeberg) gültige **Hamburg Card – plus Region** beinhalten die freie Fahrt mit den öffentlichen Verkehrsmitteln sowie Ermäßigungen bei Hafen-, Alster- und Stadtrundfahrten, Museums-, Theater- und Restaurantbesuchen, in Parkhäusern u.v.m. Erhältlich ist die Hamburg Card als Einzel- oder Gruppenkarte für max. 5 Personen für 1 Tag, 3 oder 5 Tage bei den Tourist Informationen, in vielen Hotels und an den HVV-Fahrkartenautomaten. Oder man bestellt sie vorab im Internet unter www.hamburg-tourismus.de bzw. telefonisch bei der Hamburg Hotline, Tel. 040/30 05 13 00.

Notrufnummern

Einheitlicher Notruf: Tel. 112 (Unfallrettung, Feuerwehr – EU-weit, auch mobil)

ADAC Notrufzentrale München:
Tel. 089/22 22 22 (rund um die Uhr)

ADAC Ambulanzdienst München:
Tel. 089/76 76 76 (rund um die Uhr)

ADAC Geschäftsstellen:
Hauptgeschäftsstelle, Amsinckstr. 39–41, 20097 Hamburg
Harburg, Großmoordamm 69, 21079 Hamburg

ÖAMTC Schutzbrief-Nothilfe:
Tel. 00 43/(0)1/251 20 00, www.oeamtc.at

TCS Zentrale Hilfsstelle:
Tel. 00 41/(0)224 17 22 20, www.tcs.ch

Ärztliche Versorgung

Apotheken-Notdienst,
Tel. 08 00/228 22 80 (kostenlos, 24 Std.), www.apotheken.de

Ärztlicher Notfalldienst:
Tel. 040/22 80 22

Zahnärztlicher Notdienst:
Tel. 018 05/05 05 18 (0,14 €/Min.)

Fundbüros

Zentrales Fundbüro, Bezirksamt Altona, Bahrenfelder Str. 254–260, 22765 Hamburg, Tel. 040/428 11 35 01, www.hamburg.de/fundbuero-online

Fundservice der Deutschen Bahn AG, Tel. 09 00/199 05 99 (0,59 €/Min.), www.fundservice.bahn.de

Sicherheit

Um die Reeperbahn – vom Millerntorplatz bis zur S-Bahnstation Reeperbahn und von der Simon-von-Utrecht-Straße bis zur Erich- und Hopfenstraße – ist eine **Waffenverbotszone** eingerichtet. In der gleichen Zone gilt zu bestimmten Zeiten ein **Glasverbot**, d.h. Fr 22 Uhr–Mo 6 Uhr sowie in den Nächten vor und nach Feiertagen ebenfalls 22–6 Uhr dürfen Getränke jeder Art weder in Glasbehältnissen mitgeführt noch in Geschäften vor Ort in Glasflaschen zum Verzehr außer Haus verkauft werden.

 Anreise

Auto

Aus **Richtung Bremen** führt die **A1** in die Hansestadt. Aus **südlicher und nördlicher Richtung** erreicht man Hamburg über die **A7**, die Verbindung ins westliche Holstein ist die **A23**. Und von **Berlin** aus fährt man auf der **A24** in Richtung Elb-Metropole.

Bahn

Hamburg besitzt vier große Bahnhöfe: Den **Hauptbahnhof** im Stadtzentrum (Knotenpunkt Nah- und Fernverkehr, U- und S-Bahn-Linien), den Bahnhof **Dammtor** westlich der Außenalster (direkt neben dem CCH Kongresszentrum), den Bahnhof **Altona** (Züge Richtung Nordseeküste) und den Fernverkehrsbahnhof **Hamburg-Harburg** in Hamburgs Süden.

City Night Line
Einfach über Nacht aus der Schweiz oder Süddeutschland nach Hamburg reisen – mit den Zügen ›Komet‹ ab Zürich, www.citynightline.ch, und ›Pyxis‹ ab München, www.nachtzug.de.

Fahrplanauskunft:

Deutsche Bahn, Tel. 01 805/99 66 33 (0,14 €/Min.), Tel. 08 00/150 70 90 (sprachgesteuerte Fahrplanauskunft), www.bahn.de

Österreichische Bundesbahn, Tel. 05 17 17, www.oebb.at

Schweizerische Bundesbahnen, Tel. 09 00 30 03 00, www.sbb.ch

Flugzeug

Der **Flughafen Hamburg-Fuhlsbüttel (HAM)** liegt ca. 8,5 km nördlich der Innenstadt. Zwischen Flughafen und Hauptbahnhof verkehrt die S 1 über Ohlsdorf im 10-Minuten Takt mit einer Fahrtzeit von 25 Minuten sowie der Nachtbus 606.

Flughafeninformation, Tel. 040/507 50, www.ham.airport.de

Bank, Post, Telefon

Bank

Öffnungszeiten: in der Regel Mo–Fr 9–13 und 14.30–16, Do bis 18 Uhr

Post

Öffnungszeiten: im Allgemeinen Mo–Fr 8–18, Sa 8.30–12.30 Uhr (Postamt am Hauptbahnhof, Hachmannplatz 13); die Öffnungszeiten in den Filialen unterscheiden sich jedoch z. T. erheblich.

Telefon

Die **Vorwahl** von Hamburg ist 040.

Einkaufen

Geschäftszeiten im Allgemeinen Mo–Sa 9–20 Uhr. Im Hauptbahnhof und im Flughafen tgl. 8–21.30 bzw. 9–21 Uhr.

Antiquitäten

Edle Antiquitätengeschäfte findet man rund um den *Gänsemarkt* (ABC-Straße, Hohe Bleichen, Große Bleichen). In *Uhlenhorst* (Hofweg, Papenhuder Straße) lohnt sich ein Bummel vor allem für Liebhaber von antiquarischen Möbeln und Schmuck. Originelles kann man ebenfalls in der *Langen Reihe* und den umliegenden Straßen sowie im *Karo- und Schanzenviertel* aufstöbern.

Antik Center, Klosterwall 9–21, Tel. 040/32 65 95. Große Auswahl an antiken Möbeln und Objekten in einer Passage mit fast 40 kleinen Läden (Mo geschl.).

Antiquitäten Gerhard Lange & Novitäten Susanne Lange, Hallerplatz 14, Tel. 040/44 51 11, www.gerhard-lange-antiquitaeten.de. Möbel, Gläser, Porzellan, Quilts und Dekoratives.

d'Or, Eppendorfer Baum 6, Tel. 040/46 88 19 74. Antiquitäten, Schmuck und edle Second-Hand-Bekleidung.

Strandgut, Övelgönne 103, Tel. 040/880 15 32, www.strandgut-oevelgoenne.de. Französische und skandinavische Möbel und Kunst des 18. und 19. Jh. nach vorheriger Terminabsprache.

Auktionshäuser

Banghaus, Bahrenfelder Chaussee 49 b, Tel. 040/89 69 82 54, www.banghaus.com. Online und klassische Auktionen.

Stahl, Graumannsweg 54, Tel. 040/34 34 71, www.auktionshaus-stahl.de. Schwerpunkte sind Gemälde, Grafiken, Porzellan, Möbel, Schmuck, Kunstgewerbe, Jugendstil und Modern Design.

Extras und Accessoires

Aurim, Klosterallee 104, Tel. 040/46 37 03, www.aurim.de. Fantasievoller und edler Gold- und Silberschmuck (Mo geschl.).

Brahmfeld & Gutruf, Neuer Wall 18, Tel. 040/34 61 03, www.brahmfeld-gutruf.de. Seit 1743 im Geschäft und damit wohl Deutschlands ältester Juwelier.

Cucinaria, Straßenbahnring 12, Tel. 040/43 29 07 07, www.cucinaria.de. Das Dorado für Hobbyköche in Eppendorf.

Stilwerk, Große Elbstr. 68, Tel. 040/30 62 11 00, www.stilwerk.de. Designkaufhaus in Edelpassage am Hafen.

Waltraud Bethge, Hohe Bleichen 25, ABC-Viertel, Tel. 040/31 15 52, www.bethge-hamburg.de. Edle Papiere und erlesene Büroartikel.

Feinkost

Frischeparadies Gödeken, Große Elbstr. 210, Tel 040/38 90 80, www.frischeparadies.de. Exklusive Lebensmittel und frischer Fisch. Bistro anbei.

Karstadt Feinkost ›Mö‹, Mönckebergstr. 16, Tel. 040/309 40. Delikatessenabteilung mit internationalen Spezialitäten.

Kruizenga, Maria-Louisen-Str. 13, Tel. 040/46 09 97 0, www.kruizenga.de. Beliebtes Feinschmecker-Geschäft der hanseatischen High Society im noblen Stadtteil Winterhude.

Leysieffer Confiserie, Hanse-Viertel, Große Bleichen 36. Tel. 040/34 68 99. Feinste Süßwaren und Schokoladen.

Lindner, Alsterhaus, Jungfernstieg 16–20, Tel. 040/22 60 30 72, www.lindner-esskultur.de. Feine Delikatessen an acht Standorten in der Stadt.

Galerien und Buchhandlungen

Antiquariat Reinold Pabel, Krayenkamp 10, Tel. 040/36 48 89, www.antiquariat-pabel.de. Seltene und auch vergriffene Bücher in den Krameramtsstuben.

Dr. Götze Land & Karte, Alstertor 14–18, Tel. 040/357 46 30, www.mapshop-hamburg.de. Riesenauswahl an Landkarten, Reisebüchern und Sprachführern.

Dr. R. Wohlers & Co, Lange Reihe 68–70, Tel. 040/24 77 15, www.dr-wohlers.de. Antiquariat und Buchhandlung in St. Georg.

Elbdörfer Galerie, Osdorfer Landstr. 233, Tel. 040/800 34 74, www.elbdoerfer-galerie.de. Hamburger Maler.

Felix Jud Buchhandlung, Neuer Wall 13, Tel. 040/34 34 09, www.www.felix-jud.de. Traditionsreiches Antiquariat und Buchhandlung.

Fleetinsel-Galerien, Admiralitätsst. 71. Acht Galerien zeigen in zwei Kontorhäusern junge internationale Kunst.

Galerie Abrahams, Fehlandtstr. 50, Tel. 040/35 26 57, www.galerie-abrahams.de. Kunst aus dem 19. und 20. Jh.

Galerie Brockstedt, Magdalenenstr. 11, Tel. 040/410 40 91, www.galeriebrockstedt.de. Kunst des 20. Jh., u.a. Werke des Zeichners Horst Janssen.

Galerie Herold, Colonnaden 5, Tel. 040/47 80 60, www.galerie-herold.de. Norddeutsche und Hamburger Künstler.

Galerie Vera Munro, Heilwigstr. 64, Tel. 040/47 47 46, www.veramunro.com. Minimalistische und konzeptuelle Kunst (Mo geschl.).

Hamburgisches

TOP TIPP **Maritimes aller Art**, nautische Instrumente und Ausstattungsstücke wie Kompasse, Schiffslampen, Taue oder maritime Kleidungsstücke wie z.B. Troyer finden sich in den Straßen entlang der *Hafenkante* (Baumwall, Vorsetzen). Auch in den Läden und an Ständen rund um die *St.-Pauli-Landungsbrücken* kann man **Souvenirs** kaufen – von Figuren des legendären Hamburger Wasserträgers Hans Hummel über Schlüsselanhänger aus Seehundfell bis hin zu Prinz-Heinrich-Mützen.

TOP TIPP **Buddel-Bini**, Barmbeker Str. 171, Tel. 040/46 28 52, www.buddelbini.de. Buddelschiffe in 150 Variationen, eine Augenweide für Bastler.

Captain's Cabin, Landungsbrücken 3, Tel. 040/31 63 73, www.captains-cabin.de. Geschenke, die nach Seeluft riechen – und manchmal auch nach Kitsch.

HanseNautic, Herrengraben 31, Tel. 040/374 84 20, www.hansenautic.de. Seekarten, Kompasse, nautische Literatur.

Harry's Hafenbasar, Erichstr. 56/Ecke Balduinstr., Tel. 040/31 24 82, www.hafen

Es bleibt die große Frage: Wie kommt das Schiffchen in die Flasche?

basar.de. Kurioses und Originelles aus der ganzen Welt [s.S. 57].

Seekiste, Dietmar-Koel-Str. 30, Tel. 040/ 31 25 95. Traditionsreiches Geschäft für Schiffsausrüstung und Maritimes.

Märkte

Trotz des frühen Aufstehens ist sonntags der Hamburger Fischmarkt ein Muss:

Altonaer Fischmarkt, Große Elbstraße 9 Tel. 040/38 01 20, April–Oktober So 5–9.30, sonst So 7–9.30 Uhr [s.S. 57].

Auch einige der Stadtteil-Wochenmärkte lohnen einen Besuch, darunter:

Isemarkt, Isestr., Harvestehude. Di und Fr 8.30–14 Uhr unter der alten Hochbahn.

Goldbekmarkt, zwischen Goldbekplatz und Geibelstr., Winterhude, www.gold bekmarkt.de, Di, Do, Sa 8–13 Uhr. Lebensmittel und Allerlei.

Zeiten und Orte der **Flohmärkte** erfährt man in der Tagespresse oder bei den Touristeninformationen. Gern besucht wird z. B. der

Markt am Turmweg, Pöseldorf/Rotherbaum. Flohmarkt an zwei Wochenenden im Jahr, meist im April und September.

Mode

Die ersten Adressen der **Haute Couture** liegen in den Straßen und Passagen zwischen *Rathausmarkt* und *Gänsemarkt*. Hier im ›Quartier Satin‹ sind traditionsreiche hanseatische Geschäfte und internationale Designer ansässig. Einen Bummel entlang der edlen Schaufensterauslagen

sollte man nicht versäumen, auch wenn man gerade keine größere Geldanlage tätigen möchte. Für modebewusste Hamburg-Besucher empfiehlt sich zudem ein Shopping-Abstecher nach *Pöseldorf*, *Eppendorf* und *Winterhude*. Hier kann man in zahlreichen Boutiquen teilweise tolle Schnäppchen machen. Wer es extravagant liebt, sollte sich in den Mode-Läden in *Marktstraße* und *Feldstraße* sowie im *Schanzenviertel* umsehen.

Angelo's, Weidenstieg 11, Tel. 040/ 49 50 21, www.angelos.de. Klassisch-moderne Damen- und Herrenbekleidung, Schuhmode.

Anne Jensen, Eppendorfer Landstr. 63, Tel. 040/46 00 78 08. Designermode für Frauen.

Feldenkirchen Herren, Neue ABC-Str. 6, Tel. 040/34 05 71 76. Klassische Designermode. Große Auswahl an Herren-Jeans im Speakeasy – The Denim Corner, Poststr. 41, unweit vom Frauengeschäft.

Feldenkirchen Women, Poststr. 51, Tel. 040/35 71 07 78. Damenmode von international gefragten Designern sowie trendige Streetware in der area 51.

Jil Sander, Neuer Wall 43. Tel. 040/ 374 12 90. Edle Understatement-Mode.

Kaufrausch, Isestr. 74, Tel. 040/480 83 13, www.kaufrausch-hamburg.de. Edle Accessoires, Dessous, Schmuck, Schuhe.

Bewährtes bleibt – zumindest beim ›englischen Kleidermagazin‹ Ladage und Oelke

Ladage & Oelke, Neuer Wall 11, Tel. 040/34 14 14, www.ladage-oelke.de. Traditionsreiches ›englisches Kleidermagazin‹.

Linette, Hohe Bleichen 17, Tel. 040/34 64 11, www.linette-hamburg.de. Internationale sportliche und edle Damenbekleidung.

Mientus, Neuer Wall 48, Tel. 040/36 34 99, www.mientus.com. Internationale Herrenmode auf drei Etagen.

Petra Teufel, Hohe Bleichen 13, Tel. 040/37 86 16 10, www.petrateufel.de. Ausgefallene Designerteile für Sie und Ihn.

Schuh Messmer, Reeperbahn 77, Tel. 040/31 41 82, www.schuh-messmer.de. Hamburgs ältestes Schuhgeschäft mit einer bunten Auswahl an extravaganten Pumps und Lackstiefeln.

Scotch & Soda, Neuer Wall 50, 040/79 76 90 06, www.scotch-soda.com. Niederländische Designermode von leger bis klassisch.

SØR, Neuer Wall 36, Tel. 040/36 65 61, www.soer.de. Edle Herrenmode.

Thomas-i-Punkt, Mönckebergstr. 21 und am Gänsemarkt, Tel. 040/32 71 72. Moderne Leinen- und Strickbekleidung für Sie und Ihn.

Unger, Neuer Wall 35, Tel. 040/33 44 70, www.unger-hamburg.com. Hochwertige internationale Designermode.

Versace, Schleusenbrücke 1, Tel. 040/374 77 60. Bekannt geschmackvolle italienische Mode.

Musik

Hanse CD im Hanse-Viertel, Große Bleichen 36, Tel. 040/34 05 61, www.hanse-cd.de. Große Auswahl an Klassik, Pop, Jazz und Folklore.

Plattenkiste, Gärtnerstraße 16, Tel. 040/45 18 59, www.plattenkiste.eu. Mehr als 20 000 CDs, LPs und DVDs, neu und gebraucht, Musikvideos. Auch Filmverleih.

Zardoz, Schulterblatt 36, Tel. 040/280 32 30, www.zardoz-schallplatten.de. Vinyl, CDs, DVDs und Bücher (neu und gebraucht), mit Café.

■ Essen und Trinken

Cafés

Amphore, Hafenstr. 140, Tel. 040/31 79 38 80, www.cafe-amphore.de. Café-Bar in der ›2. Reihe‹ mit Aussicht.

Bar Tabac, Große Bleichen 21, Galleria-Passage, Tel. 040/35 71 98 51. Ideal gelegenes Café zum Ausspannen nach einem Citybummel.

Café Canale, Poelchaukamp 7, Tel. 040/270 01 01, www.cafecanale.de. Nettes, verwinkeltes Café mit hausgemachtem Kuchen am Mühlenkamp-Kanal.

Café Liebermann, Glockengießerwall 1, Tel. 040/428 54 26 11. Café in der Kunsthalle; nur für Museumsbesucher.

Café Schöne Aussichten, Gorch-Fock-Wall 4, Tel. 040/34 01 13, www.schoene aussichten.com. Sommercafé mit Blick auf den Alten Botanischen Garten.

Café Unter den Linden, Juliusstr. 16, Tel. 040/43 81 40, www.cafe-unter-den-linden.net. Szenecafé mit hausgemachten Kuchen mitten im Schanzenviertel.

Condi, Neuer Jungfernstieg 9–14 (im Hotel Vier Jahreszeiten), Tel. 040/34 94 33 15, www.hvj.de. Biedermeier-Café mit Blick auf die Binnenalster.

Herr Max, Schulterblatt 12, Tel. 040/69 21 99 51. Die Patisserie im Schanzenviertel hat außergewöhnliche Tortenkreationen und Pralinen im Angebot.

Konditorei Andersen, Wandsbeker Marktstr. 153, Tel. 040/68 94 64 0, www.cafe-andersen.de. Geschäft und Produktion. Große Torten- und Pralinenauswahl.

TOP TIPP **Literaturhaus Café**, Schwanenwik 38, Tel. 040/220 13 00, www.literatur hauscafe.de. Die Literaturszene, genießt das großzügige Saal-Ambiente mit Stuckdecke.

Petit Café, Hegestr. 29, Tel. 040/460 57 76. Kleines gemütliches Kaffeehaus, eine Institution in Eppendorf.

Transmontana, Schulterblatt 86, Tel. 040/439 74 55. Portugiesisches Stehcafé und Szenetreff im Schanzenviertel.

Cafés und Restaurants an der Elbe

Café Buchfink, Rissener Ufer 21, Tel. 040/81 16 23. Beliebter Treffpunkt im Grünen nach einem Strandspaziergang.

Café Elbterrassen, Övelgönne 1, Tel. 040/390 34 43, www.cafe-elbterrassen.de. Terrassenblick auf Elbe und Museumshafen.

Fleetschlösschen, Brooktorkai 17, Tel. 040/30 39 32 10, www.fleetschloesschen.de. Café, Bistro und Bar mit Garten in historischem Zollhaus in der HafenCity.

Schulauer Fährhaus, Parnaßstr. 29, Wedel, Tel. 041 03/920 00, www.schulauer-faehrhaus.de. In der Schiffsbegrüßungsanlage Willkommhöft, die größere Schiffe mit Nationalhymne und -fahne grüßt.

Strandperle, Övelgönne 60, Tel. 040/880 11 12, www.strandperle-hamburg.de. Szenetreffpunkt auch abends. Im Sommer setzen sich Gäste mit ihren Getränken gern in den Sand (März–Okt.).

TOP TIPP **Witthüs Teestuben**, Elbchaussee 499a, Tel. 040/86 01 73, www.witthues.com. Traditionslokal im Hirschpark, Café und Restaurant (Mo geschl.).

Terrassencafés an der Außenalster

Bobby Reich, Fernsicht 2, Tel. 040/48 78 24, www.bobbyreich.de. Restaurant-Café mit Blick über die ganze Außenalster, hervorragende, große Terrasse.

Bootsmann, Moorfuhrtweg 9, Tel. 040/27 80 88 82, www.bootsmann-hh.de. Direkt am Goldbekkanal; Stadtteiltreff nachmittags und abends.

Café Leinpfad, Leinpfad/Ecke Hudtwalckerstr., Tel. 040/46 48 56, www.cafe-leinpfad.de. Hier ist die Alster schon ein schmaler Fluss (Okt.–April geschl.).

Cliff, Fährdamm 13, Tel. 040/44 27 19, www.alster-cliff.de. Trendiger Treffpunkt links an der Außenalster.

Bistros und Szene-Restaurants

Abaton, Grindelhof 14, Tel. 040/45 77 71, www.abaton.de. Bistro-Atmosphäre im Abaton Kino, mediterrane Gerichte.

Brücke, Innocentiastr. 82, Tel. 040/422 55 25. Treffpunkt der Medien- und Modeszene.

Bullerei, Lagerstr. 34 B, Tel. 040/33 44 21 10, www.bullerei.com. Szene-Restaurant von Fernsehkoch Tim Mälzer im ehem. Hamburger Schlachthof.

Carls, Am Kaiserkai 69, Tel. 040/300 32 24 00, www.carls-brasserie.de. Bistro, Bar und Brasserie in der HafenCity, Ableger des Hotel Louis C. Jacob.

Cox, Lange Reihe 68/Greifswalder Str. 43, Tel. 040/42 94 22, www.restaurant-cox.de. Feine Küche in stilvollem Ambiente.

Das weiße Haus, Neumühlen 50, Tel. 040/390 90 16, www.das-weisse-haus.de. Moderne und experimentierfreudige Küche in einem ehem. Kapitänshaus beim Museumshafen (So geschl.).

Die Bank, Hohe Bleichen 17, Tel. 040/238 00 30, www.diebank-brasserie.de. Bar und Brasserie in den herrschaftlichen Räumen eines ehem. Bankhauses.

Eisenstein, Friedensallee 9, Tel. 040/390 46 06, www.restaurant-eisenstein.de. Ehemaliges Fabrikgebäude. Sehr laut, aber die Pizza schmeckt hier wie in Italien.

Fees, Holstenwall 24, Tel. 040/317 47 66, www.fees-hamburg.de. Restaurant mit im Museum für Hamburgische Geschichte. Schöner Innenhof (Mo geschl.).

Goldfisch, Isekai 1, Tel. 040/57 00 96 90, www.goldfisch.de. Frische Traditionsküche, trendige Atmosphäre.

Luxor, Max-Brauer-Allee 251, Tel. 040/430 01 24, www.restaurant-luxor.de. Hervorragende internationale Kreationen; herzliche Atmosphäre (ab 19 Uhr, Mo geschl.).

Marsbar, Straßenbahnring 2, Tel. 040/46 00 99 50. Restaurant und Weinbar mit Terrasse und Promifaktor.

Mess, Turnerstr. 9, Tel. 040/43 41 23, www.mess.de. Junge internationale Küche (So geschl.).

Nil, Neuer Pferdemarkt 5, Tel. 040/439 78 23, www.restaurant-nil.de. Slow Food zu moderaten Preisen (Di geschl.).

TOP TIPP **Poletto Weinbar**, Eppendorfer Weg 287, Tel. 040/38 64 47 00, www.poletto-winebar.de. Cornelia Poletto serviert nicht nur ausgewählte Weine, sondern auch kleine, feine Gerichte.

Schatto Pauli, Kastanienallee 32 (Schmidts Tivoli), Tel. 040/317 78 8 17, www.tivoli.de. Gemütliches Restaurant mit österreichischem Küchenchef. Spezialität: Wiener Schnitzel (ab 17 Uhr, Mo/Di geschl.).

Tassajara, Eppendorfer Landstr. 4, Tel. 040/48 38 01, www.tassajara.de. Eines der ersten vegetarischen Restaurants der Stadt. Euro-asiatische Küche.

Tiefenthal, Isestr. 77, Tel. 040/46 96 16 72, www.tiefenthal-hh.de. Bar-Restaurant mit moderner Küche.

Hamburger Traditionsküche

Alt Hamburger Aalspeicher, Deichstr. 43, Tel. 040/36 29 90, www.aalspeicher.de. Aal und Fisch am Nikolaifleet.

Brauhaus Joh. Albrecht, Adolphsbrücke 7, Tel. 040/36 77 40, www.brauhaus-joh-albrecht.de. Deftige Kost in der Hamburger Altstadt.

Sommer in der Stadt – auf der Restaurantterrasse am Jungfernstieg kann man es aushalten

Deichgraf, Deichstr. 23, Tel. 040/
36 42 08, www.deichgraf-hamburg.de.
Traditionelle hanseatische Gerichte,
historisch-edles Ambiente.

Dübelsbrücker Kajüt, Elbchausse 303,
Tel. 040/82 87 87. Gemütliches Restaurant
auf einem Hausboot mit leckerer norddeutscher Küche.

Feuerschiff, City Sporthafen, Vorsetzen,
Tel. 040/36 25 53, www.das-feuerschiff.de.
Unter Deck und auf dem früheren Heli-
kopterdeck serviert man Labskaus und
Fischplatte zu Jazz und Kleinkunst.

Gröninger-Braukeller, Willy-Brandt
Str. 47, Tel. 040/570 10 51 00, www.
groeninger-hamburg.de. Eigene Braue-
rei, rustikal-bürgerliche Küche.

Hafenkrug, Große Elbstr. 164, Tel. 040/
41 30 70 22. Deftige Regionalküche am
Fischmarkt, bodenständig, mit Holzbänken.

Kartoffelkeller, Deichstrasse 21, Tel.
040/36 55 85, www.kartoffelkeller-ham
burg.de. Abwechslungsreiche Gerichte
rund um die Knolle.

Krameramtsstuben, Krayenkamp 10,
Tel. 040/36 58 00, www.krameramts
stuben.de. Hamburger Küche in historischer Umgebung.

Old Commercial Room, Englische
Planke 10, Tel. 040/36 63 19, www.old
commercialroom.de. Seit 1643 Traditions-
restaurant. Spezialität: Labskaus.

Parlament, Rathausmarkt 1, Tel. 040/
70 38 33 99, www.parlament-hamburg.de.

Im Rathauskeller dinieren nicht nur
Hamburger gerne.

Zum Alten Senator, Neanderstr. 27, Tel.
040/35 71 44 70, www.zumaltensenator.de.
Elegant-gediegen, gekonnter Mix aus
alter und neuer Lokalküche (Mo geschl.).

Fischrestaurants

Fischereihafen-Restaurant, Große Elbstr.
143, Tel. 040/38 18 16, www.fischereihafen
restaurant.de. ›Erstes‹ Haus für Fischliebhaber. Blick auf den Hafen.

Fischerhaus, St. Pauli Fischmarkt 14,
Tel. 040/31 40 53, www.restaurant-fischer
haus.de. Gute, reichhaltige und preiswerte Fischgerichte. Atmosphäre der 1950er-
Jahre und relativ laut.

Fischküche, Kajen 12, Tel. 040/36 56 31,
www.die-fischkueche.de. Hanseatische
und internationale Fischspezialitäten,
zubereitet in ›offener Küche‹ (So geschl.).

Rive, Van-der-Smissen-Str. 1, Tel. 040/
380 59 19, www.rive.de. Restaurant-Bistro-
Oysterbar serviert leckeren Fisch, mit Ha-
fenblick ein besonderer Genuss.

Stock's, An der Alsterschleife 3, Tel. 040/
611 36 20, www.stocks.de. Gourmet-Tem-
pel für Fischliebhaber (Mo geschl.).

Gourmet-Restaurants

TOP TIPP **Au Quai**, Große Elbstr. 145 b-d, Tel.
040/38 03 77 30, www.au-quai.com
Modernes Spitzenrestaurant mit
grandioser Aussicht auf die Elbe. Extra-
vaganter Nachtclub anbei (So geschl.).

Haerlin, im Hotel Vier Jahreszeiten, Neuer Jungfernstieg 9–14, Tel. 040/34 94 33 10, www.hvj.de. Restaurant der Luxusklasse mit schöner Aussicht.

Jacob's Restaurant, Elbchaussee 401–403, Tel. 040/82 25 54 07, www.hotel-jacob.de. Exquisites Hotelrestaurant, serviert frische Sterneküche im Sommer auch auf der Terrasse direkt an der Elbe (Mo/Di geschl.)

Küchenwerkstatt, Hans-Henny-Jahnn-Weg 1, Tel. 040/22 92 75 88, www.kuechenwerkstatt-hamburg.de. Mit 1 Michelin-Stern ausgezeichnetes Restaurant im stilvoll renovierten ehem. Mühlenkamper Fährhaus (So/Mo geschl.).

Landhaus Dill, Elbchaussee 94, Tel. 040/390 50 77, www.landhausdill.com. Treffpunkt für Liebhaber französisch inspirierter Küche (Mo geschl.)..

Landhaus Scherrer, Elbchaussee 130, Tel. 040/883 07 00 30, www.landhausscherrer.de. Nouvelle Cuisine und Regionalküche.

Le Canard nouveau, Elbchaussee 139, Tel. 040/88 12 95 31, www.lecanard-hamburg.de. Mediterran und orientalisch inspirierte Küche, 1 Michelin-Stern (So/Mo geschl.).

Piment, Lehmweg 29, Tel. 040/42 93 77 88, www.restaurant-piment.de. Raffinierte Gewürze krönen die kulinarischen Kostbarkeiten (ab 19 Uhr, So geschl.).

Seven Seas, Süllbergterrassen 12, Tel. 040/866 25 20, www.suellberg-hamburg.de. Gourmet-Restaurant mit bester Elbsicht, 1 Michelin-Stern (Mo/Di geschl.).

Slowman im Chilehaus, Burchardstr. 13 c, Tel. 040/33 75 61. Auszubildende, von TV-Koch Christian Rach angeleitet, kochen und servieren feine, dabei durchaus preiswerte Gerichte.

Nationalitäten-Restaurants
Amerikanisch
Dollhouse Diner, Große Freiheit 14–16, Tel. 040/317 9 73 62. Sportbar samt Spare Ribs, Steaks & Co. auf dem Kiez.

Doris' Diner, Grindelhof 34, Tel. 040/44 02 78, www.doris-diner.de. Für ausgezeichnete Burger bekanntes Diner.

Hollywood Canteen, Kieler Str. 269, Tel. 040/39 80 63 00, und Gärtnerstr. 94, Tel. 040/49 80 35, www.hollywoodcanteen.de und www.hollywoodcanteen-gaertnerstrasse.de. Einfache amerikanische Spezialitäten, typisches US-Ambiente.

Ob Sprotte, Seeaal oder Stremelchen – geräucherter Fisch ist immer eine gute Wahl

Asiatisch
Bangkok, Mundburger Damm 45, Tel. 040/22 69 70 51, www.bangkok-hamburg.de. Gut gewürzte Thai-Küche, nicht billig. Sehr schöne Bambuseinrichtung.

bok restaurant, Schulterblatt 3, Tel. 040/43 19 00 70 und Schanzenstr. 27, Tel. 040/430 67 80, www.bokrestaurant.de. Thailändisch, koreanisch, japanisch.

Chilli Club, Bakhaus Wölbern, Am Sandtorkai 54, Tel. 040/35 70 35 80, www.chilliclub.de. Moderne asiatische Brasserie in der HafenCity mit einer großen Auswahl an Wok- und Nudelgerichten.

East, Simon-von-Utrecht-Str. 31, Tel. 040/30 99 33, www.east-hamburg.de. Euroasiatische Küche, gut und modern wie das Design des zugehörigen Hotels.

Henssler & Henssler, Große Elbstr. 160, Tel. 040/38 69 90 00, www.henssler henssler.de. Sushi-Sashimi-Gourmet-Restaurant mit tollem Elbblick (So geschl.).

Man Wah, Spielbudenplatz 18, Tel. 040/319 25 11. Chinarestaurant auf St. Pauli.

Maral, Eppendorfer Baum 22, Tel. 040/46 16 99, und in der Galeria, Große Bleichen 21, Tel. 040/34 01 51, www.restaurant-maral.de. Man serviert Sushi, Sashimi und Salate.

Mikawa, Schulterblatt 92, Tel. 040/430 44 58, www.mikawa.de. Japanisches In-Restaurant in beeindruckendem Altbau-Ambiente.

Mikawa food Bar, Susannenstr. 15, Tel. 040/430 02 20. Köstliches und gemütliches Sushi-Restaurant.

Peking-Enten-Haus, Rentzelstr. 48, Tel. 040/45 80 96, www.pekingenten haus-hh.de. Kenner halten die Peking-Ente in diesem Restaurant für die beste der Stadt.

Sai Gon, Martinistr. 14, Tel. 040/46 09 10 09, www.restaurant-saigon.de. Erfrischend authentische vietnamesische Kochkunst in Eppendorf.

Sala Thai & Seafood Grill, Brandsende 6, Tel. 040/33 50 09, Am Kaiserkai 1, Hafencity, Tel. 040/32 39 09, www.salathai.de. Thailändische Gerichte in typischem Ambiente. Sa/So gibt es dazu klassischen Thai-Tanz.

Tsao Yang, im Hotel Atlantic, An der Alster 72–79, Tel. 040/28 00 41 88, www.kempinski.atlantic.de. Anspruchsvolles chinesisches Restaurant.

Wa-Yo, im Nippon Hotel, Hofweg 75, Tel. 040/227 11 40, www.wa-yo.de. Gehobenes japanisches Restaurant mit edlem Design (Mo geschl.).

Französisch

Casse Croute, Büschstr. 2, Tel. 040/34 33 73, www.casse-croute.de. Exzellente französische Küche, charmant.

L'Auberge, Rutschbahn 34, Tel. 040/410 25 32, www.auberge.de. Französische Spitzen-Küche (mittags und So nur mit Reservierung).

Le Paquebot, Gerhart-Hauptmann-Platz 70, Tel. 040/32 65 19, www.le-paquebot.de. Französisch-internationale Speisen.

Le Provençal, Johannes-Brahms-Platz 9–11, Tel. 040/35 01 64 20, www.leproven cal.net. Anspruchsvolle französische Spezialitäten, insbesondere aus der Provence, nicht billig.

Ti Breizh, Deichstr. 39, Tel. 040/37 51 78 15, www.tibreizh.de. Crêperie, Boutique und Kunst aus der Bretagne.

Griechisch

Athina, Wegkoppel 1-3, Tel. 040/63 65 55 80, www.restaurant-athina.de. Familiäre Atmosphäre und reichhaltige griechische Küche in Billstedt.

Dionysos, Eppendorfer Weg 67, Tel. 040/49 88 00, www.dionysos-hamburg.de. Geschmackvoll eingerichtetes Restaurant, köstliches Essen (So geschl.)

Kouros, An der Alster 25, Tel. 040/24 45 40, www.kouros-restaurant.de. Gehobene griechische Küche direkt an der Alster, im Sommer schöne Terrasse (ab 18 Uhr).

Olympisches Feuer, Schulterblatt 36, Tel. 040/43 55 97, www.olympisches-feuer.de. Alteingesessene Szene-Taverna.

Indisch

Jaipur Tandoori, Lerchenfeld 14, Tel. 040/220 94 75, www.jaipur-indian-tan doori.de. Köstliche und reichhaltige indische Gerichte.

Shalimar, ABC-Str. 46–47, Tel. 040/44 24 84, www.shalimar-hamburg.de. Eines der schönsten indischen Restaurants der Stadt, sehr gutes Essen.

Italienisch

Anna, Bleichenbrücke 2, Tel. 040/36 70 14. Edle internationale Küche mit toskanischen Akzenten.

La Baracca, Sandtorkai 44, Tel. 040/737 33, www.labaracca.eu. Nett komponierte Gerichte, Bestellung per Touchscreen!

Cuneo, Davidstr. 11, Tel. 040/31 25 80, www.cuneo1905.de. Szenetreffpunkt für Medienleute auf dem Kiez, ältester Italiener Hamburgs (So geschl.).

Da Elena, Rothenbaumchaussee 183, Tel. 040/44 79 69. Urgemütlicher Italiener im Souterrain mit hervorragender Küche.

Der Etrusker, Grindelhof 45, Tel. 040/410 13 05, www.der-etrusker.de. Beliebter Traditionsitaliener im Univiertel. Leckere Vorspeisen.

Il Buco, Zimmerpforte 5, Tel. 040/24 73 10. Das unauffällige Keller-Restaurant ist ein echter Geheimtipp.

La Fattoria Epoca, Isestr. 16, Tel. 040/420 02 55, www.lafattoria-hamburg.de. Reizvolle Mischung aus italienischem Tagesbistro und Antiquitätengeschäft.

La Luna, Neuer Kamp 13, Tel. 040/43 36 66, www.laluna-hamburg.de. In dem fast nur mit Kerzen erleuchteten Lokal kommt neben dem köstlichen Essen auch die Romantik nicht zu kurz.

La Vela, Große Elbstr. 27, Tel. 040/38 69 93 93, www.la-vela.de. Die große Terrasse an der Elbe ist ein großer Pluspunkt – ebenso wie das köstliche Essen.

Lust auf Italien, Große Elbstr. 133, Tel. 040/38 28 11, www.lustaufitalien.de. Täglich frischen Fisch bietet das rustikale Lokal mit Holzbänken am Fischmarkt.

Marilù, Bahrenfelder Str. 67, Tel. 040/88 17 54 75 www.ristorante-marilu.de.

Pasta, Pizza und andere italienische Köstlichkeiten in Ottensen (So mittag, Mo mittag geschl.).

Osteria Due, Badestr. 4, Tel. 040/410 16 51, www.osteriadue.de. Die ausgezeichnete Küche hat ihren Preis, ist aber so beliebt, dass man vorher reservieren sollte. Ganz in der Nähe des Interconti.

Orientalisch

Balutschistan, Schulterblatt 88, Tel. 040/43 36 61, www.balutschistan.de. Pakistanische Spezialitäten, auch vegetarisch, in authentischem Umfeld.

L'Orient, Osterstraße 146, Tel. 040/43 28 16 51, www.restaurant-lorient.de. Raffiniertes libanesisches Essen und guter Service.

Mazza, im Hotel YoHo, Moorkamp 5, Tel. 040/28 41 91 91, www.mazza-hamburg.de. Feine syrische Küche, besonders gut sind die Vorspeisen (Mezze).

Riads, Johannes-Brahms-Platz 7, Tel. 040/35 71 69 23, www.riads.de. Gemütliches libanesisches Restaurant mit sehr feiner, traditioneller Küche.

Saliba, Am Neuen Wall 13, Alsterarkaden, Tel. 040/34 50 21, www.saliba.de. Arabische Küche in edlem Ambiente mit vielfältigem Angebot für Vegetarier.

Spanisch und Portugiesisch

Bodega Olè, Börsenbrücke 5–7, Tel. 040/36 62 83. Rustikaler Spanier in der Innenstadt mit delikaten Fischgerichten.

Bodega Castellana, Schlüterstr. 79, Tel. 040/45 23 22. Die älteste Tapas-Bar Hamburgs (So geschl.).

Petisco, Schulterblatt 78, Tel. 040/43 29 08 99. Kleiner Portugiese mit reichhaltigen und günstigen Gerichten.

Picasso, Rathausstr. 14, Tel. 040/32 65 48. Beliebter Spanier in zentraler Lage, im Sommer lockt der Innenhof (So geschl.).

Porto, Ditmar-Koel-Str. 15, Tel. 040/317 84 80, www.restaurante-porto.de. Portugiesische Küche in familiärer Atmosphäre mitten in Hamburgs Portugiesenviertel. Besonders empfehlenswert sind die Meeresfrüchte.

Q-Bar, Silbersacktwiete 6, Tel. 040/313 375, www.qbar-hamburg.de. Kleine Tapas-Bar auf dem Kiez.

Sagres, Vorsetzen 53, Tel. 040/319 38 26 und **Sagres Plus**, Vorsetzen 42, Tel. 040/37 12 01, www.sagres.org. Beliebte portugiesische Restaurants am Hafen.

Türkisch

Arkadasch, Grindelhof 17, Tel. 040/44 84 41, www.arkadasch.de. Reichhaltige und preiswerte türkische Speisen.

Mangal, Eppendorfer Weg 270, Tel. 040/460 38 25. Klassische türkische Gerichte in behaglichem Ambiente.

▮ Feiertage

1. Januar (Neujahr), April/Mai. (Karfreitag, Ostermontag), 1. Mai (Tag der Arbeit), Mai/Juni (Himmelfahrt), Juni (Pfingstmontag), 3. Oktober (Tag der deutschen Einheit), 25./26. Dezember (Weihnachten).

▮ Festivals und Events

Aktuelle Veranstaltungsprogramme in der **Tagespresse** (Hamburger Abendblatt, www.abendblatt.de, Hamburger Morgenpost, www.mopo.de), im **Stadtmagazin Szene** (www.szene-hamburg-online.de) und auf der Internetseite der Stadt (www.hamburg.de).

März/April

Frühlingsdom: Jahrmarkt auf dem Heiligengeistfeld (www.hamburger-dom.de).

Mai

Deutsches Spring- und Dressur-Derby, Reitturnierplatz Klein-Flottbek, Jürgensallee, Tel. 040/82 64 22, www.engarde.de. Klassiker der deutschen Turniere.

Hafengeburtstag: Anfang Mai feiert Hamburg seinen Hafen zu Wasser und zu Lande mit dem ›größten Hafenfest der Welt‹ (www.hafengeburtstag.de).

Juni

altonale: 14-tägiges Kulturfest in Altona und Ottensen, mit Straßenfest, Floh- und Kunstmarkt (www.altonale.de).

Juni/Juli

Derby-Woche, Galopprennbahn Hamburg-Horn, Rennbahnstr. 96, Tel. 040/651 82 81, www.galopp-hamburg.de. Derby-Woche mit dem *Deutschen Derby* jeweils am 1. So im Juli (2012 wegen Fußball-EM ausnahmsweise am 8. Juli).

Duckstein Festival: Musik, Straßentheater und Comedy Ende Juli auf der Fleetinsel (www.ducksteinfestival.de). **Hamburger Ballett-Tage:** In der

Staatsoper und an anderen Spielorten (www.hamburgballett.de)

Juli/August

Sommerdom: Jahrmarkt auf dem Heiligengeistfeld (www.hamburger-dom.de).

Theater in der Speicherstadt: ›Der Hamburger Jedermann‹ am Brooksfleet (www.speicherstadt.net.)

Stuttgarter Weindorf in Hamburg: Süddeutsches Flair auf dem Rathausmarkt (www.stuttgarter-weindorf.de).

German Open Tennisturnier am Rothenbaum, Hallerstr. 89, Tickets: Tel. 040/238 80 44 44, www.german-open-hamburg.de. Offene deutsche Tennismeisterschaften, in Hamburg seit 1892.

August/September

Alstervergnügen: Kunst, Kultur, Vergnügen und Kulinarisches rund um die Binnenalster (www.alstervergnuegen.net).

September/Oktober

Filmfest Hamburg: Aufregende Kinofilme und Premierengäste aus aller Welt in sechs Hamburger Kinos (www.filmfest-hamburg.de)

November/Dezember

Winterdom: Jahrmarkt auf dem Heiligengeistfeld (www.hamburger-dom.de).

Jahresausklang: Riesenfest am letzten Tag des Jahres zwischen Baumwall und Fischmarkt mit Sekt und Feuerwerk.

Kinder

Aktion Kinderparadies, Bilserstr. 35a, Tel. 040/511 79 15, www.aktion-kinderparadies.de. Werktags, teilweise auch samstags stundenweise Kinderbetreuung auf Spielplätzen.

Fabrik, Barnerstr. 36, Tel. 040/39 10 70, www.fabrik.de. Veranstaltet ganzjährig Mo–Fr 12–18 Uhr Freizeitaktivitäten für Kinder, wie Kochen, Kino u.a.

Jugendinformationszentrum, Dammtorstr. 14, und Infoladen: Dammtorwall 1, 040/428 23 48 01, www.jiz.de. Ferienangebote; aktueller Veranstaltungskalender für Kinder unter www.kindernetz-hamburg.de.

Museumsdienst Hamburg, Glockengießerwall 5a, Tel. 040/428 13 10, www.museumsdienst.hamburg.de. Informiert über Ausstellungen, organisiert Führungen und Veranstaltungen für Kinder.

Tierpark Hagenbeck, Lokstedter Grenzstr. 2, Tel. 040/530 03 30, www.hagenbeck.de. Märchenbahn, Streichelgehege, Ponyreiten und Spielplatz.

Planten un Blomen, St. Petersburger Str., Tel. 040/428 54 47 23, www.plantenunblomen.hamburg.de. Verschiedene Veranstaltungen und Angebote zum Mitmachen für Kinder, wie Spielhäuser, Theater, Zirkus, Familienfeste, Wasserspielplatz, Rollschuh- oder Eisbahn.

Klima und Reisezeit

Aufgrund seiner Nähe zum Meer ist das Klima in Hamburg das ganze Jahr über vergleichsweise mild, aber regenreich. Im Winter fegen oft Stürme über die Stadt und Sturmfluten sind keine Seltenheit. Die angenehmsten Reisezeiten für Hamburg sind Frühjahr und Sommer. Dann zeigt das Thermometer mehr als 20 °C an – und auch schon mal deutlich darüber.

Klimadaten Hamburg

Monat	Luft (°C) min./max.	Wasser (°C)/Alster	Sonnenstd./Tag	Regentage
Januar	-2/ 3	2	1	18
Februar	-2/ 4	3	2	16
März	0/ 6	5	3	13
April	3/12	7	5	14
Mai	7/17	12	7	14
Juni	10/20	17	7	14
Juli	12/21	20	7	17
August	12/22	20	7	16
September	9/18	18	5	15
Oktober	6/13	16	3	17
November	3/ 8	7	2	18
Dezember	-1/ 4	3	1	18

Kultur live

Musik

Konzert- und Theaterkassen

Alsterhaus, Jungfernstieg 16–20, Tel. 040/35 35 55, www.alsterhaus.de

Classic Center, Im Bleichenhof, Tel. 040/35 44 14, www.bleichenhof.de

Kartenhaus, Schanzenstr. 5, Tel. 040/43 31 10 und Tel. 040/43 59 46, www.ticketmaster.de

Konzertkasse Gerdes, Rothenbaumchaussee 77, Tel. 040/45 33 26 und 040/44 02 98, www.konzertkassegerdes.de

Theaterkasse Emil Schumacher, Colonnaden 37, Tel. 040/34 30 44, www.tk-schumacher.de

Tourist Information CCH Konzertkasse, Ausgang Dammtorbahnhof/Dag-Hammaskjöld-Platz, Tel. 040/300 51-300, www.hamburg-tourism.de

Konzertsäle

Congress Centrum Hamburg (CCH), Am Dammtor, Tel. 040/356 90, www.cch.de

Forum und Orchesterstudio der Hochschule für Musik und Theater, Harvestehuder Weg 12, Tel. 040/428 48 25 76, www.hfmt-hamburg.de

Hamburger Konservatorium, Sülldorfer Landstr. 196, Tel. 040/87 08 77 19, www.hamburger-konservatorium.de

Laeiszhalle, Johannes-Brahms-Platz, Tel. 040/35 76 66 66, www.laeiszhalle.de

Norddeutscher Rundfunk (NDR), Rolf-Liebermann-Studio, Oberstr. 120, Tickets: Levantehaus, Mönckebergstr. 7, Tel. 018 01/78 79 80, www.ndrticketshop.de

Steinway-Haus, Horowitz-Konzertsaal, Rondenbarg 15, Tel. 040/85 39 13 00, www.steinway-hamburg.de

Kirchenmusik

Aktuelle Informationen über Kirchenkonzerte beim

Amt für Kirchenmusik, Nordelbische Evangelisch-Lutherische Kirche, Königstr. 54, Tel. 040/306 20 10 20, www.kirchenmusik-hamburg.de.

Oper

Hamburgische Staatsoper, Große Theaterstr. 25, Tel. 040/35 68 68, www.hamburgische-staatsoper.de

 *Musicals*

Neue Flora, Stresemannstr. 163/Ecke Alsenstr., ›Tarzan‹

Operettenhaus, Spielbudenplatz 1, Ein reines Vergnügen: ›Rocky‹

Theater im Hafen, Norderelbstr. 6, Hier gibt's den Dauerbrenner ›Der König der Löwen‹

Kartenvorverkauf für alle drei: Tel. 018 05/44 44 (0,14 €/Min.), www.stage-entertainment.de

Wechselnde Musicals

Delphi Showpalast, Eimsbütteler Chaussee 5, Tel. 040/431 86 00, www.delphi-showpalast-hamburg.de

Jazz-, Rock- und Popkonzerte

Birdland, Gärtnerstr. 122, Tel. 040/40 52 77, www.jazzclub-birdland.de. Jazz, Swing, Bepop.

Cotton Club, Alter Steinweg 10, Tel. 040/34 38 78, www.cotton-club.de. Jazz etc.

Docks, Spielbudenplatz 19, Tel. 040/317 88 30, www.docks.de. Trip Hop etc.

Fabrik, Barnerstr. 36, Tel. 040/39 10 70, www.fabrik.de

Große Freiheit 36 mit Kaiserkeller, Große Freiheit 36, Tel. 040/317 77 80, www.grossefreiheit36.de. Rock, Pop, Disko.

Knust, Neuer Kamp 30, Tel. 040/87 97 62 30, www.knusthamburg.de

Logo, Grindelallee 5, Tel. 040/410 56 58, www.logohamburg.de. Rock'n'Roll.

Markthalle, Klosterwall 11, Tel. 040/33 94 91, www.markthalle-hamburg.de. Metal, Hard Rock, New Wave.

Molotow, Spielbudenplatz 5, Tel. 040/31 08 45, www.molotowclub.com. Rock, Pop, Diskobetrieb.

Theater

Altonaer Theater, Museumsstr. 17, Tel. 040/39 90 58 70, www.altonaer-theater.de. Unterhaltsames Angebot aus Klassik und Moderne.

Deutsches Schauspielhaus, Kirchenallee 39, Tel. 040/24 87 13, www.schauspielhaus.de. Eine der berühmtesten deutschen Bühnen. Im Malersaal experimentelles Theater und Matineen.

Engelsaal, Valentinskamp 40-42, Tel. 040/30 05 14 44, www.engelsaal.de. Das älteste Privattheater Hamburgs bietet ein täglich wechselndes Musikprogramm der leichten Muse.

Ernst-Deutsch-Theater, Friedrich-Schütter-Platz 1, Tel. 040/22 70 14 20, www.ernst-deutsch-theater.de. Vorwiegend werden hier Klassiker gespielt.

Fliegende Bauten, Große Wallanlagen/Glacischaussee 4, Tel. 040/881 41 18 80, www.fliegende-bauten.de. Varieté, Avantgardezirkus und Musik.

Hamburger Kammerspiele, Hartungstr. 9–11, Tel. 08 00/413 34 40, (gebührenfrei), www.hamburger-kammerspiele.de. Ein traditionsreiches kleines Theater, das in keine Schublade passt.

Imperial Theater, Reeperbahn 5, Tel. 040/31 31 14, www.imperial-theater.de. ›Größte Krimibühne Deutschlands‹.

Gute Unterhaltung honoriert das Publikum im Schmidt Theater mit reichlich Applaus

Kampnagel, Jarrestr. 20, Tel. 040/27 09 49 49, www.kampnagel.de. Modernes und experimentelles Theater, freie Tanz- und Theatergruppen.

Komödie Winterhuder Fährhaus, Hudtwalckerstr. 13, Tel. 040/48 06 80 80, www.komoedie-hamburg.de. Lustspiele und Boulevardkomödien.

Ohnsorg-Theater, seit August 2011 im Bieberhaus, Heidi-Kabel-Platz 1 (beim Hachmannplatz), Tel. 040/35 08 03 21, www.ohnsorg.de. Die berühmte plattdeutsche Bühne [s. S. 66] pflegt auch am neuen Standort ihre Tradition.

St. Pauli-Theater, Spielbudenplatz 29-30, Tel. 040/47 11 06 66, www.st-pauli-theater.de. Bunte Mischung aus Volksstücken, Comedy und anspruchsvollem Theater.

Thalia in der Gaußstraße, Gaußtr. 190, Tel. 040/32 81 44 44, www.thalia-theater.de. Uraufführungen, Theaterexperimente.

Thalia Theater, Alstertor, Tel. 040/32 81 44 44, www.thalia-theater.de. Renommierte Traditionsbühne. Aufsehen erregende Inszenierungen.

Theater in der Basilika, Borselstr. 14–16, Tel. 040/390 46 11, www.theater-basilika.de. Innovatives Theater und Komödien.

Theater Monsun, Friedensallee 20, Tel. 040/390 31 48, www.monsun-theater.de. Alternatives und Tanztheater.

The English Theatre, Lerchenfeld 14, Tel. 040/227 70 89, www.englishtheatre.de. Englische Stücke in Originalsprache.

Theater für Kinder

Fundus Theater, Hasselbrookstr. 25, Tel. 040/250 72 70, www.fundus-theater.de

Theater für Kinder, Max-Brauer-Allee 76, Tel. 040/38 25 38, www.theater-fuer-kinder.de

Varietés, Kabarett und Shows

Alma Hoppes Lustspielhaus, Ludolfstr. 53, Tel. 040/55 56 55 56, www.almahoppe.de. Kabarettbühne.

Das Schiff, Nikolaifleet/Holzbrücke 2, Theaterkasse in der Deichstraße 21, Tel. 040/69 65 05 60, www.theaterschiff.de. Theater und Satire auf einem Schiff.

Polittbüro, Steindamm 45, Tel. 040/28 05 54 67, www.polittbuero.de. Kabarett, Lesungen und Diskussionen.

Pulverfass, Reeperbahn 147, Tel. 040/24 97 91, www.pulverfasscabaret.de. Populäre Travestieshow für gemischtes Publikum.

TOP TIPP **Schmidt Theater**, Spielbudenplatz 24–25, Tel. 040/31 77 88 99, www.schmidts.de. Hamburgs Kult-Theater für Comedy und frech-frivole Musicals.

Schmidts Tivoli, Spielbudenplatz 27–28, Tel. 040/31 77 88 99, www.tivoli.de. Große Musiktheater- und Varieté-Programme. Angeschlossen: Angie's Nightclub.

Nachtleben

Bars

Angie's Nightclub, im Tivoli, Spielbudenplatz 27, Tel. 040/31 77 88 11, www.tivoli.de. Eine der beliebtesten Bars auf dem Kiez, mit vorzüglicher Hausband.

Atlantic Bar, im Hotel Atlantic, An der Alster 72–79, Tel. 040/288 80 62, www.atlantic.de. Vornehm, Pianomusik live.

Bar Hamburg, Rautenbergstr. 6–8, Tel. 040/28 05 48 80, www.barhamburg.com. Edle Bar in St. Georg mit großer Cocktail-Auswahl (So geschl.)

Bar Rossi, Max-Brauer-Allee 279, Tel. 040/43 34 21, www.13ter-stock.de. Viel frequentierter Szenetreff (So geschl.)..

Christiansen's, Pinnasberg 60, Tel. 040/317 28 63, www.christiansens.de. Preisgekrönte Cocktails für Bar-Liebhaber.

Ciu', Ballindamm 14–15, Tel. 040/32 52 60 60, www.ciudiebar.de. Große und gut besuchte Bar in der Innenstadt.

Havanna Bar, Fischmarkt 4–6, Tel. 040/31 36 36. Karibische Drinks in Atmosphäre.

Indochine, im Fairmont Hotel Vier Jahreszeiten, Neuer Jungfernstieg 9–14, Tel. 040/34 94 33 61, www.hvj.de. Vom Feinsten, Bar mit asiatischem Flair.

M & M Bar, im Hotel Reichshof, Kirchenallee 34–36, Tel. 040/24 83 37 50. Ideal für einen ›Absacker‹ nach einem Besuch im benachbarten Schauspielhaus.

Olivia Jones Bar, Große Freiheit 35, www.olivia-jones.de. Plüschig-lauschige Bar des Travestiekünstlers, am Wochenende ist Olivia höchstpersönlich vor Ort (Mi–Sa 20–frühmorgens).

Tower Bar, im Hotel Hafen Hamburg, Seewartenstr. 9, Tel. 040/31 11 37 04 50, www. hotel-hafen-hamburg.de. Gute Drinks in 62 m Höhe, grandioser Blick über den Hafen.

TOP TIPP **20up**, im Empire Riverside Hotel, Bernhard-Nocht-Str. 97, Tel. 040/31 11 97 04 70, www.empire-riverside. de. Bar im 20. Stock mit toller Aussicht.

Diskotheken

China Lounge, Nobistor 14, Tel. 040/31 97 66 22, www.china-hamburg.de. Szene-Disko mit wechselnden Partys, u.a. Pop, Funk und House Music.

Funky Pussy Club, Große Freiheit 34, Tel. 040/31 97 75 90, www.funkypussy club.de. 300 m² für Hip Hop, R&B, Soul und House.

Golden Pudel Club, Am St. Pauli Fischmarkt 27, Tel. 040/31 97 99 30, www.pudel. com. Tanzmusik von Disco bis Punk.

Grünspan, Große Freiheit 58, Tel. 040/31 79 34 83, www.gruenspan.de. Wechselnde Events, Fr/Sa Rock, Crossover.

Halo, Große Freiheit 6, Tel. 040/87 87 06 80, www.haloclubbing.de. House, Electro und Black Music für ein schickes Publikum.

Hörsaal, Spielbudenplatz 7, Tel. 040/67 95 66 33, www.hoersaal-hamburg.de. Rockabilly, Funk und Latin im 1960er-Jahre-Ambiente

Molotow, Spielbudenplatz 5, Tel. 040/31 08 45, www.molotowclub.com. Independent, Hardcore. Viele Konzerte und Partys.

Neidklub, Reeperbahn 25, Tel. 040/94 79 32 95, www.neidklub.de. HipHop, Dance, Electro, House.

Kir, Barner Str. 16, Tel. 040/43 80 41, www. kir-hamburg.de. Elektro, Rock, Independent.

Kneipen- und Szenetreffs

City

Café Paris, Rathausstr. 4, Tel. 040/32 52 77 77, www.cafeparis.net

Finnegan's Wake, Börsenbrücke 4, Tel. 040/374 34 33, www.finneganswake irishpub.com

Marinehof, Admiralitätsstr. 77, Tel. 040/374 25 79, www.marinehof.de

Eimsbüttel und Eppendorf

Hadley's Bar Café, Beim Schlump 84a, Tel. 040/450 50 75, www.hadleys.de

La Paz, Heußweg 49, Tel. 040/40 98 57, www.lapaz-hamburg.de

Maybach, Heußweg 66, Tel. 040/491 23 33, www.maybach-eimsbuettel.de

Zur Alten Mühle, Eppendorfer Landstr. 176, Tel. 040/517 82 20, www.zuraltenmuehle-eppendorf.de

St. Georg und Pöseldorf

Raven, Mittelweg 161, Tel. 040/41 42 45 50, www.raven-hamburg.com

Zwick, Mittelweg 121 b, Tel. 040/44 32 67, www.zwick4u.com

Schanzenviertel, St. Pauli und Altona

Bedford Café, Schulterblatt 72, Tel. 040/43 18 83 32, www.bedford-hamburg.de

Café Miller, Detlef-Bremer-Str. 16, Tel. 040/31 57 19, www.cafe-miller.de

Filmhauskneipe, Friedensallee 7, Tel. 040/39 90 80 25, www.filmhaus kneipe.de

Haifischbar, Große Elbstr. 128, Tel. 040/380 93 42, www.haifischbar.tv

Herzblut, Reeperbahn 50, Tel. 040/33 39 69 33, www.herzblut-st-pauli.de

TOP TIPP **Roschinsky's**, Hamburger Berg 19, Tel. 040/50 69 58 18 www.roschins kys.de. Das ›Rosch‹ ist voll, laut und extrem angesagt!

Schellfischposten, Carsten-Rehder-Straße 62, Tel. 040/383422, www.schellfisch posten.de. Hamburgs älteste Seemannskneipe wurde durch die Fernsehshow ›Ina's Nacht‹ bekannt.

Essen für Nachtschwärmer

Erikas Eck, Sternstr. 98, Tel. 040/43 35 45, www.erikas-eck.de. Kräftiges die ganze Nacht.

Gestern & Heute, Kaiser-Wilhelm-Str. 55, Tel. 040/34 49 98. Durchgehend geöffneter Szene-Treff.

La Sepia, Schulterblatt 36, Tel. 040/
43 22 48 4. Portugiesische Fischküche tgl.
bis 3 Uhr geöffnet.

Teatro-Lounge, im Pulverfass-Foyer,
Reeperbahn 147, Tel. 040/24 78 78, www.
teatrolounge.de. Warme und kalte Küche tgl. 17–3 Uhr.

Bodo's Bootssteg, Harvestehuder
Weg 1b, Tel. 040/44 06 54, www.bodos
bootssteg.de

Bootshaus Silwar, Eppendorfer Landstr. 148b/Haynpark, Tel. 040/47 62 07,
www.bootshaus-silwar.com

Café Sommerterrassen am Stadtpark,
Südring 44, Tel. 040/270 62 74, www.
sommerterrassen-hamburg.de

Goldfisch, Isekai 1, Tel. 040/41 35 75 75,
www.goldfisch.de

Kubi's Bootshaus, Poßmoorweg 46c,
Tel. 040/279 67 41

■ Sport

Hamburger Sportbund (HSB),
Haus des Sports, Schäferkampsallee 1,
Tel. 040/41 90 80, www.hamburger-
sportbund.de. Auskunft zu Sportmög-
lichkeiten in Hamburg.

Bäder

Hamburger Bäder, Tel. 040/18 88 90,
www.baederland.de, meist tgl. 8–19 Uhr,
Freibäder Mai–Sept.

Kaifu-Bad, Hohe Weide 15. Hallenbad mit
ganzjährig beheiztem Außenbecken,
Sommer-Freibad mit großer Liegewiese.

Parkbad, Rockenhof. Hallen- und Frei-
zeitbad in Volksdorf mit Kinderlandschaft
Taka Tuka, Piratenschiff u.ä.

Strandbad Ostende, Tonndorfer Strand
37, Tel. 040/66 61 94, www.freibad-ost
ende.de. Naturbad mit Sandstrand und
Beach-Volleyball-Anlage.

Bootsverleih

An den meisten Anlegern rund um die
Alster und entlang der Kanäle kann man
Kanus, Ruder-, Segel- oder Tretboote mie-
ten. Zum Beispiel bei:

Bobby Reich, Fernsicht 2, Tel. 040/48 78 24,
www.bobbyreich.de

*Wenn ihr Verein spielt, sehen HSV-Fans in ih-
rem Stadion, der Imtech Arena, weiß-blau*

Eislauf

Eisbahn Stellingen, Hagenbeckstr. 124,
Tel. 040/54 31 52 (Okt.–März, Di–So)

Eisland Farmsen, Berner Heerweg 152,
Tel. 040/18 88 90 (Okt.–März, Di–So)

Indoo Eisarena, Planten un Blomen,
Holstenwall 30, Tel. 040/319 35 46,
www.eisarena-hamburg.de (Nov.–März
tgl. 10–22 Uhr).

Handball, Eishockey und Boxen

O2 World Hamburg, Sylvesterallee 10,
Tickets: Tel. 018 03/20 60 60 (0,09 €/Min.
aus dem dt. Festnetz, Mobilfunkhöchsttarif: 42 Cent/Min.), www.o2world-ham
burg.de. Heimstadion des Eishockey-
teams Hamburg Freezers und der HSV-
Handballer sowie Schauplatz spektaku-
lärer Boxkämpfe.

Fußball

Imtech Arena, Hamburger Sportverein
(HSV), Geschäftsstelle: Sylvesterallee 7,
Info und Kartenservice: Tel. 018 05/
47 84 78 (0,14 €/Min. aus dem dt. Festnetz;
Mobilfunkhöchsttarif 0,42 €/Min.), www.
hsv.de

Millerntor-Stadion, FC St. Pauli, Auf dem Heiligengeistfeld, Infos: Tel. 040/31 78 74 51, Karten: Tel. 018 05/60 01 51 (0,14 €/Min. aus dem dt. Festnetz), www.fcstpauli.de

Pferderennen

Galopprennbahn Hamburg-Horn, Hamburger Renn-Club, Rennbahnstr. 96, Tel. 040/651 82 81, www.galopp-hamburg.de

Trabrennbahn Hamburg Bahrenfeld, Luruper Chaussee 30, Tel. 040/899 65 80, www.trabhamburg.de

Reiten

Landesverband der Reit- und Fahrvereine, Schützenstr. 107, Tel. 040/850 30 07, www.pferdesport-hamburg.de

Rennkarts

Einsath Speed & Fun Karting, Nedderfeld 94, Tel. 040/48 00 23 23, www.kartbahn-hamburg.de. 600 m-Strecke, Karts auch für Kinder.

Squash **Kaifu-Lodge**, Bundesstr. 107, Tel. 040/40 12 81, www.kaifu-lodge.de

Squash Point, Eimsbütteler Chaussee 63, Tel. 040/43 11 15, www.squash-point.de

Tennis

Club an der Alster, Hallerstr. 91, Tel. 040/414 24 13 41, www.clubanderalster.de. Für Nichtmitglieder nur Hallenplätze buchbar.

Tenniscenter Sportlepp, Papenreye 1a, Tel. 040/58 53 59, www.sportlepp.de

Wandern

Naturschutzbund Deutschland, Osterstr. 58, Tel. 040/697 08 90, http://hamburg.nabu.de. Natur- und vogelkundliche Wanderungen.

■ Stadtbesichtigung

Hamburg, das wie es heißt mehr Brücken besitzt als Venedig, lässt sich bequem auch per Schiff erkunden – und präsentiert dabei einige seiner schönsten und ungewöhnlichsten Seiten.

Alster-Schifffahrt

Die **ATG Alstertouristik**, Jungfernstieg, Tel. 040/357 42 40, www.alstertouristik.de, veranstaltet fast das ganze Jahr über **Alster-Rundfahrten** (April–Sept. tgl. 10–18 Uhr alle 30 Min., Okt. 10 und 17 Uhr sowie 11–16 Uhr alle 30 Min.) und in den Wintermonaten so genannte **Punschfahrten** (Nov.-Dez. 10.30, 12.00, 13.30, 15.00, 16.00, 16.30, 17.30, 18.00 Uhr, Jan.–März 10.30, 12, 13.30, 15 Uhr). Zu den eindrucksvollsten Schippertouren zählen die **Fleet-Fahrten** (April–Okt. tgl. 10.45, 13.45, 16.45, Nov./Dez. Fr/Sa/So 13.45 Uhr, Dauer ca. 2 Std.) von der Binnenalster in die Hafenelbe, die **Kanal-Fahrten** (April und Okt. tgl. 9.45, 12.45 und 15.45, Mai–Sept. tgl. 9.45, 11.45, 12.45, 14.45, 15.45 und 17.45 Uhr, Dauer ca. 2 Std.) durch die Alsterkanäle, die **Vierlande-Fahrten** bis nach Bergedorf (April–Sept. Mi–So 10.15 Uhr, Dauer ca. 3 Std.) und die **Alster-Kreuzfahrt** – dabei kann man an neun Anlegestellen zwischen Jungfernstieg und Winterhuder Fährhaus beliebig zu- und aussteigen (April– 9. Okt. tgl. 10.15–17.15 Uhr stündlich). Beim **Dämmertörn** erlebt man die Abendstimmung zwischen Jungfernstieg und Harvestehude (Mai–Sept. tgl. 20 Uhr, Dauer 2 Std.).

Der **Verein Alsterdampferschiffahrt**, Tel. 040/792 25 99, www.alsterdampfer.de, unterhält das originalgetreu restaurierte Hamburger Dampfschiff ›St. Georg‹ von 1876. Angeboten werden **Alsterrundfahrten** (April–Okt. tgl. 10.45–17.45 alle 60 Min., Dauer ca. 45 Min.) und an nur wenigen Tagen im Jahr historische **Alster-Kanaltouren** (Dauer ca. 2 Std.), Abfahrt am Jungfernstieg, Anleger 3.

Hafenrundfahrten

Die meisten Anbieter findet man an den St.-Pauli-Landungsbrücken (S1, S3, U3). Einige Touren starten auch am Vorsetzen-Anleger (U3 Baumwall). Eine preisgünstige Alternative, um den Hamburger Hafen kennenzulernen, stellen die Hafenfähren im HVV-Netz dar (s. S. 136). Zum Beispiel kann man mit der Linie 62 von den Landungsbrücken nach Finkenwerder fahren, von dort mit der Linie 64 nach Teufelsbrück übersetzen, dann knappe 5 km flussaufwärts an der Elbe längs spazieren und vom Anleger Neumühlen mit der Fährlinie 62 zurückfahren.

Große Hafenrundfahrt mit der MS Kirchdorf ab St.-Pauli-Landungsbrücke 2, Tel. 040/311 70 70, www.hadag.de, April–Sept. tgl. 10.30–16.30 Uhr alle 90 Min., Okt.–März, Sa/So 11, 12.30, 14 und 15.30 Uhr, sonst bei Bedarf nach Anmeldung, Dauer ca. 1 Std.,

Historische Fleetfahrt mit einer Hafenbarkasse der Barkassen-Centrale, Tel. 040/319 91 61 70, www.barkassen-centrale.

Alle Mann an Bord? Bald heißt es ›Leinen los‹ zum Barkassenausflug auf der Binnenalster

de. Abfahrt beim Vorsetzen-Anleger am roten Feuerschiff, April–Okt. tgl. 10.30, 13.15, 16, Nov.–März Sa/So 10.30 und 13.15 Uhr, Dauer ca. 2 Std.

Hafen- und Speicherstadtrundfahrt der Rainer Abicht Elbreederei ab Landungsbrücke 1, April–Okt. tgl. 11.30 und 13.30, Nov.–März Sa/So 11.30., Dauer ca. 2 Std. Auf dem Schaufelraddampfer ›Louisiana Star‹ werden zudem *Dinnerfahrten* veranstaltet – mit Abendessen, Show, Artistik und Musik, Tel. 040/317 82 20, www.abicht.de.

Maritime Circle LIne, St.-Pauli Landungsbrücke 10, Tel. 040/28 49 39 63, www.maritime-circle-line.de. Die auffällig roten Barkassen der Circle Line verbinden die maritimen Attraktionen und Museen miteinander. Man kann die Fahrt beliebig oft unterbrechen und an allen Stationen ein- und aussteigen: BallinStadt, IBA Dock, Hafenmuseum, HafenCity, Maritimes Museum, Speicherstadt, Cap San Diego (April–Okt. tgl. 10, 12, 14, 16, sonst Sa/So 12, 14, 16 Uhr). Außerdem werden interessante Sonderfahrten angeboten.

Stadtführungen

Hamburger Gästeführer Verein e.V., 0700/21 44 21 44 (0,063 €/Min. je 30 Sek. aus dem dt. Festnetz), hamburger-gaestefuehrer.de. Themenorientierte Stadtrundgänge, April–Okt. meist 16–18 Uhr, z.B. › HafenCity und Speicherstadt‹, ›Das Treppenviertel in Blankenese‹ oder ›Ohlsdorfer Friedhof – Engel im grünen

Paradies‹. Termine und Treffpunkte erfährt man online oder telefonisch.

Hamburg anders erfahren, Tel. 0178/640 18 00, www.hamburg-anders-erfahren.de. Rad- und Paddelbootführungen.

Hamburg Radtour, Nienstedtener Str. 13, Tel. 040/81 99 22 39, www.hamburg-radtour.de. Stadtführungen sowohl per Fahrrad als auch zu Fuß.

Statt-Reisen, Tel. 040/87 08 01 00, www.stattreisen-hamburg.de. Verschiedenste Themen-Spaziergänge, Beatles-Touren, Stadt-Ralleys oder Kiez-Führungen wie z.B. der *St. Pauli-Quickie*.

Speicherstadtmuseum, Tel. 040/32 11 91, www.speicherstadtmuseum.de. Rundgänge mit Museumsführung. Angebote speziell für Kinder und Jugendliche.

TouristJogging, Tel. 040/439 87 80, www.touristjogging.de. Hamburg im Laufschritt kennenlernen, in angemessenem Tempo etwa durch die Altstadt und HafenCity, durch St. Pauli oder die Neustadt.

Stadtrundfahrten

Informationen über organisierte Stadtrundfahrten erhält man bei:

Arbeitsgemeinschaft Hamburg Rundfahrt, Tel. 040/641 37 31, www.hansa-rundfahrt.de

Hamburg bei Nacht, Abfahrt Hauptbahnhof/Kirchenallee, April–Sept. Fr, Sa 19 Uhr, Dauer ca. 2,5 Std. Tour für die ganze Familie durch die Innen- und Speicherstadt zur Elbchaussee, Besuch der Wasserlichtspiele in Planten un Bloomen und des Vergnügungsviertels St. Pauli.

Maritim-Tour, Abfahrt Landungsbrücke 2, tgl. 11.20, 15.20 Uhr, Dauer ca. 1,5 Std. Eine interessante Einblicke vermittelnde Einführung in die Geschichte und Entwicklung des Hamburger Hafens.

Top Tour, Abfahrt Hauptbahnhof/Kirchenallee, April–Okt. tgl. 9.30–17 Uhr alle 30 Min., Nov.–März Mo–Do 10–15 Uhr alle 60 Min., Fr–So 10–16 Uhr alle 30 Min., Dauer 1,5 Std. Im Doppeldecker-Bus zu Hamburgs Sehenswürdigkeiten rund um die Alster, zu Rathaus, Michel, Reeperbahn, Hafen, Speicherstadt. Die Tour kann an 8 Punkten unterbrochen und mit einem nachfolgenden Bus fortgesetzt werden.

Gala Tour, Abfahrt Hauptbahnhof/Kirchenallee, tgl. 10.10 und 14.10 Uhr, Dauer ca. 2,5 Std. Eine Kombination der *Top* und *Maritim Tour* (s.u.), doch führt diese Fahrt zusätzlich zu besonders schönen Ecken etwa in den Elbvororten.

Hamburg Tour, Stadtrundfahrten im gelben Doppeldeckerbus ab Landungsbrücken, vor Brücke 4, Tel. 041 02/443 39, www.stadtrundfahrthamburg.de

Schnuppertour, in der Hauptsaison täglich, sonst nur Sa/So 10.55 Uhr, Dauer 1 Std. Kompakte Tour ohne Halt, vorbei an den wichtigsten Sehenswürdigkeiten der Stadt. Schneller Überblick.

Große Stadtrundfahrt, Mai–Okt. tgl. 10.30 und 13 Uhr, Nov.–April Sa/So 10.30 und 13 Uhr, Dauer 2 Std. Deichstraße, Speicherstadt, Alster, Rathaus, Michel und Krameramtsstuben (mit Führung), Reeperbahn, Fischmarkt. Aus- und Zustieg an 10 Haltestellen unterwegs möglich.

Jasper, Tel. 040/22 71 06 10, www.jasper.de

ArchitekTour, ab ZOB, Bussteig 1, Adenauerallee 78, einmal im Monat, meist am 3. So 14.30 Uhr, Dauer 3 Std. Fahrt zu Bauwerken namhafter zeitgenössischer Architekten.

Hafentour – Auge in Auge mit den Giganten, ab Überseebrücke, ganzjährig Sa 9.30, 13.30 und So 13.30 Uhr, April–Okt. auch Mi/Fr 16 und So 9.30 Uhr, Dauer 3 Std. Im Bus durch den Hamburger Hafen mit seinen Container-Terminals, Kränen, Speichern und Schuppen.

Olivia Jones – Hafenrundfahrten, Kieztouren, Bars, Tel. 018 05/57 00 70, www.olivia-jones.de. Hamburg mal anders mit lokalen Berühmtheiten.

Stadtrundfahrt Hamburg, Tel. 040/792 89 79, www.die-roten-doppeldecker.de

Hop On Hop Off - Stadtrundfahrt im roten Doppeldeckerbus Linie A, ab Hauptbahnhof/Kirchenallee und Landungsbrücken 1–2, April–Okt. Mo–Fr 9.30 –17 Uhr alle 30 Min., Sa/So alle 20 Min., Nov.–März ab Hbf. Mo–Fr 10, 12, 14, 16 Uhr, ab Landungsbrücken 11, 13 und 15 Uhr, Sa/So 9.30–16 Uhr alle 30 Min. Mit dem Tagesticket kann man die Fahrt an 27 Stationen beliebig oft unterbrechen.

Stadtrundflüge

Deutsche Lufthansa Berlin-Stiftung, Tel. 040/50 70 17 17, www.dlbs.de, Rundflüge mit der historischen JU 52 über das Stadtgebiet, ab Flughafen Hamburg, April–Okt., Flugdauer: 30 oder 60 Min.

Hanseballon, Tel. 040/72 82 92 00, www.hanseballon.de. April–Okt. Heißluftballonfahrten über Hamburg und das Umland, Startplatz variiert je nach Wetter

und Flugbedingungen, Dauer: mind. 4 Std. vom Abladen und Aufpusten bis zum Verpacken des Ballons.

Helicopter Service Wasserthal, Kätnerweg 43, Tel. 040/640 10 81, www.wasserthal.com, Helikopterflüge ab Flughafen Hamburg, So 11 (Sommer) bzw. 14 Uhr (Winter), Flugdauer 20 Min.

Highflyer, Deichtorstr. 1-2, Tel. 040/30 08 69 69, www.highflyer-hamburg.de. Aus der Gondel eines Fesselballons am Drahtseil kann man Hamburg aus 150 m Höhe bestaunen, tgl. 10–22 Uhr.

Statistik

Einwohner: ca. 1,8 Mio.

Bedeutung: Hamburg ist nach Berlin die zweitgrößte Stadt Deutschlands. Die Freie und Hansestadt Hamburg nimmt wie Bremen und Berlin eine Sonderstellung unter den Bundesländern ein, da sie Stadt und Land zugleich ist.

Stadtgebiet: Hamburg besteht aus sieben Bezirken: Mitte, Altona, Eimsbüttel, Nord, Wandsbek, Bergedorf, Harburg. Hamburg-Mitte unterstehen auch die drei Nordseeinseln Neuwerk, Scharhörn und Nigehörn sowie der Nationalpark Hamburgisches Wattenmeer.

Lage: Hamburg liegt auf 10° östlicher Länge und zwischen 53° und 54° nördlicher Breite in der norddeutschen Tiefebene.

Fläche: 755 km^2 inklusive der Nordseeinseln, davon 8% Wasserflächen und -straßen und 22% Grünflächen.

Hafen: Größter deutscher Seehafen (73 km^2) und einer der 20 wichtigsten Containerhäfen weltweit. Gesamtumschlag: 132 Mio. t (2011). An Bedeutung gewinnt das Kreuzfahrtgeschäft. 2010 legten über 100 Schiffe mit mehr als 200 000 Passagieren am Cruise Center in der HafenCity an.

Hamburg Airport: Jährlich rund 137 000 Starts und Landungen, etwa 13,5 Mio. Fluggäste und 158 Mio. Flugbewegungen (2011).

Wirtschaft: Mit 95 Mrd. € BIP im Jahr 2012 ist Hamburg eine der wirtschaftsstärksten Regionen der EU. Hamburg ist ein traditionsreicher Versicherungsplatz, die 1676 gegründete Hamburger Feuerkasse ist die älteste der Welt. Mit über 13 000 Unternehmen der Bereiche Print (davon rund 100 Verlage), Werbung, Tonträger, Film, Funk und Fernsehen ist Hamburg ein Zentrum der deutschen Medienwirt-

Große Freiheit genießt der Stadtrundfahrten-Bus in der engen gleichnamigen Straße nicht

schaft. Auch der Tourismus spielt eine wichtige Rolle: 7,4 Mrd. € Jahresumsatz bei 5,1 Mio. Gästen und 9,5 Mio. Übernachtungen im Jahr 2011.

Parlament und Regierung: Das Landesparlament ist die Bürgerschaft, bestehend aus 121 Abgeordneten. Der Senat ist Landesregierung und oberstes Organ für kommunale Aufgaben. Der Erste Bürgermeister sitzt dem Senat vor, dem zehn Senatoren inklusive dem Zweiten Bürgermeister angehören.

Bildung und Kultur: 17 Hochschulen (ca. 78 000 Studierende), 260 Bibliotheken, 3 Staatstheater, mehr als 40 Privatbühnen, 200 Galerien, 40 Museen, 3 Sinfonie- und Philharmonische Orchester, 23 Kinos darunter 6 Multiplex Kinos. Hamburg verfügt als eine der großen Musical-Metropolen der Welt über zwei Musical-Schulen. Zudem zählt das Hamburger Planetarium zu den modernsten der Welt.

Wappen: Die Hammaburg in Weiß auf rotem Grund.

Partnerstädte: Chicago, Dresden, Léon, Marseille, Osaka, Prag, Shanghai, St. Petersburg.

■ Unterkunft

Camping

Eine Auswahl geprüfter Campingplätze bietet der jährlich erscheinende **ADAC Camping Caravaning Führer** Deutschland und Nordeuropa, der im Buchhandel und bei den ADAC-Geschäftsstellen erhältlich ist. Darüber hinaus informiert der ebenfalls jährlich erscheinende

ADAC Stellplatzführer umfassend über Übernachtungsmöglichkeiten für Wohnmobile und Caravangespanne (www. adac.de/camping).

Beide Campingplätze befinden sich im Norden des Hamburger Stadtgebiets:

Buchholz, Kieler Str. 374, Tel. 040/540 45 32, www.camping-buchholz.de. Hohe Laubbäume mildern die Geräusche von der nahen Straße.

Schnelsen-Nord, Wunderbrunnen 2, Tel. 040/559 42 25, www.campingplatz-hamburg.de. Ansprechender Wiesenplatz, aber neben der Autobahn.

Hotels

Luxushotel

Empire Riverside Hotel, Bernhard-Nocht-Str. 97, Tel. 040/31 11 90, www. empire-riverside.de. Elegant-modernes Hotel oberhalb der Landungsbrücken, im Jahr 2007 von Architekt David Chipperfield entworfen.

TOP TIPP **Fairmont Hotel Vier Jahreszeiten**, Neuer Jungfernstieg 9–14, Tel. 040/349 40, www.hvj.de. Elegant eingerichtetes Haus hanseatischen Gepräges in schöner Lage an der Binnenalster. Mit Spezialitätenrestaurants, Biedermeier-Café und prächtigen Bankettsälen.

Grand Elysée, Rothenbaumchaussee 10, Tel. 040/41 41 20, www.elysee-hamburg. de. Moderne Luxusunterkunft mit internationalem Flair – auch gastronomisch.

Hotel Louis C. Jacob, Elbchaussee 401–403, Tel. 040/82 25 50, www.hotel-jacob. de. Traditionelles und idyllisches Luxushotel in Blankenese.

TOP TIPP **Kempinski Hotel Atlantic**, An der Alster 72–79, Tel. 040/288 80, www.kempinski.atlantic.de. Luxus im Traditionshaus mit Blick auf die Alster. Zauberhaftes Atrium. Restaurant, Bar.

Le Royal Meridien, An der Alster 52–56, Tel. 040/210 00, www.leroyalmeridien-hamburg.de. Modernes Luxushotel in blendender Lage – nämlich direkt an der Alster.

Mövenpick, Sternschanze 6, Tel. 040/334 41 10, www.moevenpick-hotels.com. 4-Sterne-Komfort im Inneren eines ehemaligen Wasserturms im Sternenschanzenpark.

Park Hyatt, Bugenhagenstr. 8, Tel. 040/33 32 12 34, www.hamburg.park.hyatt.de. Im Levantehaus, also zentral residierend, bietet sich dieses Logis für die Stadt-Erkundung an.

Renaissance Hamburg, Große Bleichen, Tel. 040/34 91 80, www.marriott.de. First Class Hotel im Broscheck Haus an der Hanse-Viertel Einkaufspassage. Zimmer mit gehobener Ausstattung.

Side, Drehbahn 49, Tel. 040/30 99 90, www.side-hamburg.de. Wer ein 5-Sterne-Design-Hotel in der City sucht – hier hat er es gefunden.

Sofitel Alter Wall, Alter Wall 40, Tel. 040/36 95 00, www.sofitel.com. Luxushotel in schlichter Eleganz.

Steigenberger Hamburg, Heiligengeistbrücke 4, Tel. 040/36 80 60, www.hamburg.steigenberger.de. Modernes Luxushotel auf der Fleetinsel.

Hotels der gehobenen Preisklasse

Außen Alster Hotel, Schmilinskystr. 11–15, Tel. 040/284 07 85 70, www.aussenalster. eu. Modernes kleines Haus hinter Gründerzeitfassade mit funktionalem Design und entspannter Atmosphäre. Leihfahrräder, ein Ruder- und ein Segelboot für Gäste.

Courtyard Hamburg Airport, Flughafenstr. 47, Tel. 040/53 10 20, www.airport hh.com. First Class Hotel mit Landhauscharme. Ruhige, komfortable Zimmer. Schwimmbad mit Sauna, Restaurant und Bar sprechen für sich.

East, Simon-von-Utrecht-Str. 31, Tel. 040/30 99 30, www.east-hamburg.de. Modernes Design-Hotel in ehemaliger Eisengießerei auf St. Pauli

Gastwerk, Beim Alten Gaswerk 3, Tel. 040/89 06 20, www.gastwerk-hamburg.de.

Designhotel im eeinstigen Kohlelager eines Gaswerks.

Hotel Abtei, Abteistr. 14, Tel. 040/44 29 05, www.abtei-hotel.de. Stilvolle Stadtvilla von 1897 nahe der Außenalster. Dem englisch geprägten Ambiente verhelfen Antiquitäten zu besonderer Wirkung. Das Restaurant Prinz Frederick trägt einen Michelin-Stern.

Hotel Hafen Hamburg, Seewartenstr. 9, Tel. 040/31 11 30, www.hotel-hafen-hamburg.de. In einem ehem. Seemannsheim oberhalb der Landungsbrücken mit der beliebten Tower Bar und Blick auf den Hafen.

Lindner Park-Hotel Hagenbeck, Hagenbeckstr. 150, Tel. 040/800 80 81 00, www. lindner.de. Das Tierpark-Themenhotel mit Zimmern im afrikanischen oder asiatischen Stil und Wellnessbereich.

TOP TIPP **Madison**, Schaarsteinweg 4, Tel. 040/37 66 60, www.madisonhotel. de. Modernes großzügiges Hotel mit Health-Club in der Nähe des Michel. Internationale Küche in Marley's Restaurant.

Maritim Hotel Reichshof, Kirchenallee 34–36, Tel. 040/24 83 30, www.maritim.de. Traditionsreiches Haus in Hauptbahnhof-Nähe mit schönen Zimmern, Restaurant, Bars und Schwimmbad.

Nippon Hotel, Hofweg 75, Tel. 040/227 11 40, www.nippon-hotel-hh.de. Kleines Privathotel an der Außenalster ganz im japanischen Stil eingerichtet. Japanisches Restaurant.

Strandhotel Blankenese, Strandweg 13, Tel. 040/86 13 44, www.strandhotel-blankenese.de Denkmalgeschütztes Jugendstilgebäude am Elbufer mit geschmackvoll eingerichteten Zimmern.

Süllberg Hotel, Süllbergstr. 12, Tel. 040/866 25 20, www.suellberg-hamburg.de. Kleines, sehr feines Hotel in Blankenese mit Elbblick und gutem Restaurant.

Mittelklassehotels

Alster-Hof, Esplanade 12, Tel. 040/35 00 70, www.alster-hof.de. Angenehmes Haus in der City, viele Einzelzimmer.

City Hotel Monopol, Reeperbahn 48–52, Tel. 040/31 17 70, www.monopol-hamburg.de. Kult-Hotel mitten auf dem Kiez.

Frauenhotel Hanseatin, Dragonerstall 11, Tel. 040/34 13 45, www.hotel-hanseatin. de. Das zentral im Gängeviertel gelegene Hotel in zwei denkmalgeschützten,

Klassizistische Eleganz in Weiß und Blau – das Atlantic Hotel ist Hamburger Tradition

schön renovierten Häusern nimmt ausschließlich weibliche Gäste auf. Frühstück nebenan im Frauencafé ›endlich‹.

Galerie-Hotel Sarah Petersen, Lange Reihe 50, Tel. 040/24 98 26, www.ghsp.eu, kleines, feines Hotel für Individualisten in der Altstadt. Einrichtung von Biedermeier über Art Deco bis modern.

Hotel am Museum, Rothenbaumchaussee 71, Tel. 040/44 80 94 14, www. hotelammuseum.de. Elegant und sehr stilvoll eingerichtete Zimmer gegenüber vom Völkerkundemuseum.

Hotel Mare, Armgartstr. 14, Tel. 040/519 00 94 00, .www.hotel-mare.de. Feine Adresse in Alsternähe.

Hotel Miramar, Armgartstr. 20, Tel. 040/51 90 09 40, www.hotelmiramar.de. Gemütliches Hotel in englischem Stil.

Hotel Vorbach, Johnsallee 63–67, Tel. 040/44 18 20, www.hotel-vorbach.de. Stilvolles Ambiente und Bequemlichkeit inmitten der Harvestehuder Bürgerhäuser unweit der Einkaufspassagen.

Hotel Wedina, Gurlittstr. 23, Tel. 040/ 280 89 00, www.wedina.de. Charmantes Hotel, verteilt auf vier individuelle eingerichtete Häuser, mit Hang zur Kultur; große Bibliothek und aktuelle Lesungen.

Mercure Hotel an der Messe, Schröderstiftstr. 3, Tel. 040/45 06 90, www. accorhotels.com. Modernes Stadthotel in unmittelbarer Nähe zur Messe, gegenüber dem Fernsehturm.

Hostels

Instant Sleep, Max-Brauer-Allee 277, Tel. 040/43 18 23 10, www.instantsleep.de. Freundliches Backpacker Hostel für junge Leute mit schmalem Geldbeutel. Ohne Frühstück, mit Gemeinschaftsküche.

Superbude, Spaldingstr. 152, Tel. 040/ 380 87 80, www.superbude.de. Innovativkreatives Hostel mit Doppel-, Vier- und Sechsbettzimmern zu Super-Preisen, Küche, Wii-Sportsroom, Private Cinema.

Übernachtungshaus Schanzenstern, Bartelsstr. 12, Tel. 040/439 84 41, www. schanzenstern.de. Zentral gelegenes, einfaches Hotel mit Bio-Restaurant. Einzel- und Mehrbettzimmer für Nichtraucher.

Jugendherbergen

Auf dem Stintfang, Alfred-Wegener-Weg 5, Tel. 040/31 34 88, www.djh-nordmark.de/jh/hamburg-stintfang. Oberhalb der Landungsbrücken, toller Blick über den Hafen.

Jugendgästehaus Horner Rennbahn, Rennbahnstr. 100, Tel. 040/651 16 71, www. djh-nordmark.de/jh/hamburg-horner-rennbahn. Im Grünen, am Rande der Hamburger Galopprennbahn gelegen.

Mitwohnzentralen

Home Company Mitwohnzentrale, Schulterblatt 112, Tel. 040/194 45, www.hamburg.homecompany.de

Ihre Mitwohnzentrale, Papenhuder Str. 52, Tel. 040/220 71 78, www.ihremitwohnzentrale.de

Privatzimmervermittlung

Bed and Breakfast, Markusstr. 9, Tel. 040/ 491 56 66, www.bed-and-breakfast.de

Agentur am Fischmarkt, Tel. 040/317 27 13, www.agentur-fischmarkt.de

◼ Verkehrsmittel

Fahrradverleih

Fahrradstation Dammtor, Schlüterstr. 11, Tel. 040/41 46 82 77, www.fahrradstation-hh.de. Hier auch Rad-Parkhaus.

Holy Bikes, Karolinenstr. 17, Tel. 040/21 97 66 12, www.hhcitycycles.de

Fahrradverleih Altona, Thadenstr. 90, Tel. 040/439 20 12, www.fahrradverleih-altona.de

Mietwagen

Die **ADAC Autovermietung GmbH** bietet Mitgliedern Mietwagen zu günstigen Konditionen an. Buchungen in ADAC

Verkehrsmittel

Geschäftsstellen oder unter Tel. 01805/ 3181 81 (0,14 €/Min.).

Die großen Autovermieter bieten vor Ort Reservierung zum Ortstarif:

AVIS, Tel. 01805/5577 55 (0,14 €/Min.)
Europcar, Tel. 040/3359 41
Hertz, Tel. 01805/333535 (0,14 €/Min.)
Sixt, Tel. 01805/2525 25 (0,14 €/Min.)
Autovermietung Richter, Bandwirkerstr. 20, Tel. 040/66 66 70, www.hlsr.de. Vermietet auch Leihwagen mit Chauffeur.

Öffentliche Verkehrsmittel

Zum **Hamburger Verkehrsverbund (HVV)**, Tel. 040/194 49, www.hvv.de, gehören 653 Bus-, 27 Schnell- und Regionalbahnlinien (U-, S-, A-) sowie 6 Fährverbindungen. Wer die kostenpflichtige *Hamburg Card* kauft, hat anschließend freie Fahrt mit den öffentlichen Verkehrsmittel. Alternativ lohnt sich ab zwei Fahrten täglich der Kauf einer *Tages-, Dreitages-* oder *Gruppenkarte*.

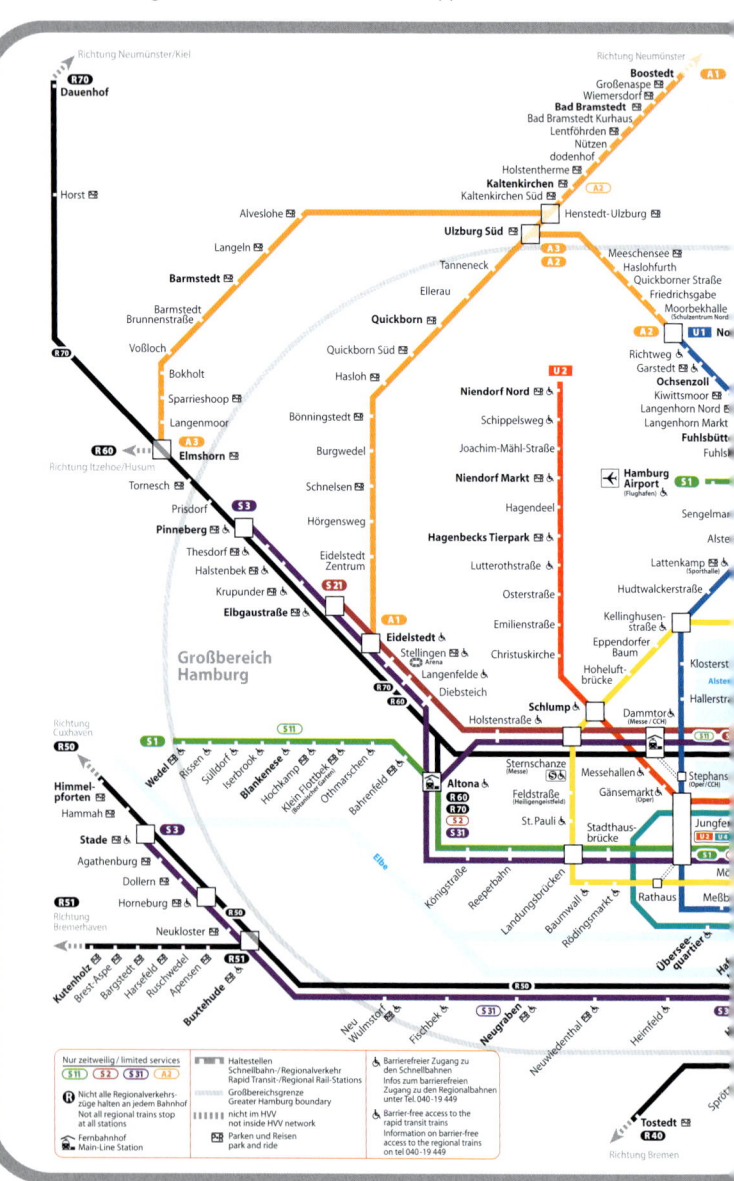

Schiff

Fördereederei Seetouristik (FRS),
St. Pauli Landungsbrücke 4, Tel. 04 61/
86 46 02, www.frs.de. Mit dem Katamaran
›Halunder Jet‹ verbindet FRS Helgoline
Hamburg und Helgoland (April–Okt. tgl.)

HADAG, Seetouristik und Fährdienst AG,
St. Pauli Fischmarkt 28, Tel. 040/311 70 70,
www.hadag.de. Niederelbefahren bis
Stadersand.

Taxi

Taxi, Tel. 040/21 12 11, 040/44 10 11, 040/
22 11 22, 040/61 11 22, 040/68 68 68 oder
040/66 66 66

Behinderten-Taxi (Taxis mit Rampe
oder Londontaxi; beim Bestellen ange-
ben), Tel. 040/61 11 22, 040/29 29 00,
040/559 39 42, 040/27 80 63 38,
040/410 54 58, 040/410 42 42, 040/21 12 11,
040/22 11 22, 040/44 10 11

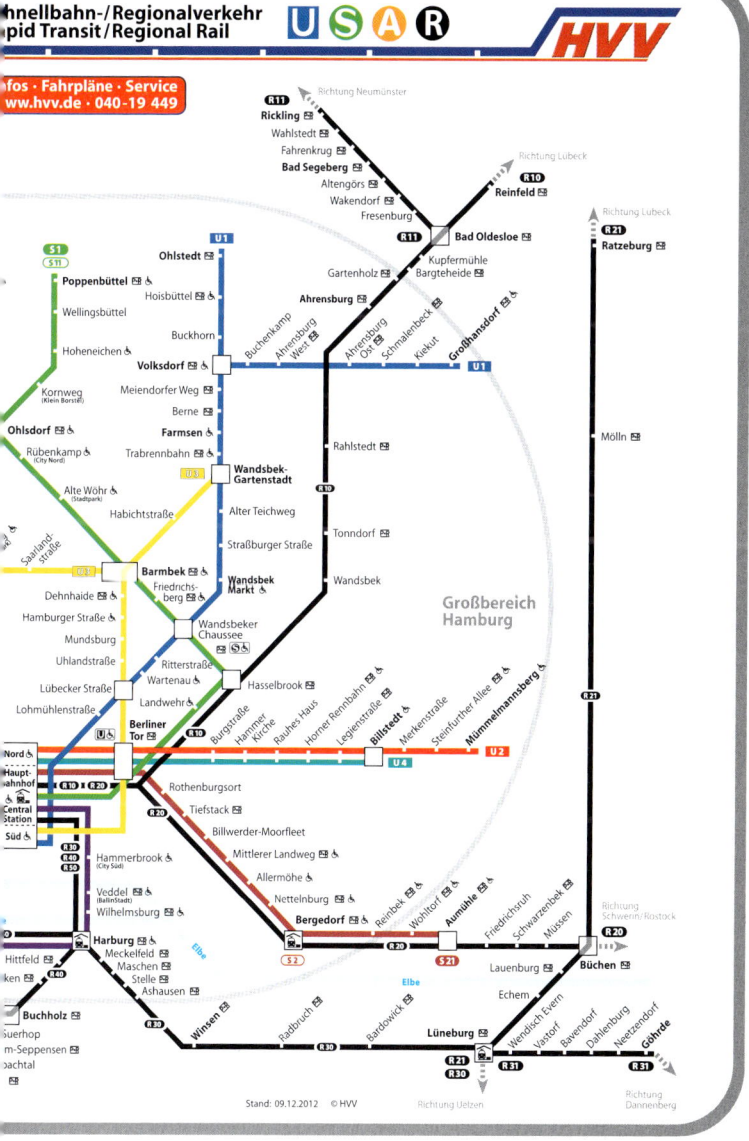

Register

Impressum

Chefredakteur: Dr. Hans-Joachim Völse
Textchefin: Dr. Dagmar Walden
Chef vom Dienst: Bernhard Scheller
Bildredaktion: Elisabeth Schnurrer
Aktualisierung: Thomas Paulsen
Kartographie: ADAC e.V. Kartographie/KAR,
Mohrbach Kreative Kartographie
Layout: Martina Baur
Herstellung: Barbara Thoma
Druck, Bindung: Rasch Druckerei und Verlag
Printed in Germany

Ansprechpartner für den Anzeigenverkauf:
KV Kommunalverlag GmbH & Co KG,
München, Tel. 089/92 80 96 53

ISBN 978-3-89905-991-5

Neu bearbeitete Auflage 2013
© ADAC Verlag GmbH & Co. KG, München
© der abgebildeten Werke von Max Beckmann
und Gabriele Münter bei VG Bild-Kunst,
Bonn 2012

1 Tag
in Hamburg

Obwohl eine Metropole, ist Hamburg gut zu Fuß zu erkunden. Bei einem Rundgang durch die City lernt man in der **Mönckeberg-straße**, auf dem **Rathaus-**

markt und dem **Jungfern-stieg** die interessantesten Ecken der Innenstadt kennen. Zahlreiche Gelegenheiten zum **Shopping** sind inbegriffen. Und bei Regen weicht man einfach in die **Passagen** aus. Den Nachmittag sollte man dem Hafen widmen: Einen Besuch lohnen die **Deichstraße** und die **Speicherstadt** mit ihrem Anno-dazumal-Flair sowie die **Landungsbrücken** mit den Museumsschiffen. Bei schönem Wetter ist eine **Hafenrundfahrt** angesagt. Unweit der Hafenkante steht Hamburgs Wahrzeichen, der **Michel**. Ein Bummel über die **Reeperbahn** am Abend oder der Besuch eines der **Musicals** in der Hansestadt sind das letzte Muss für den ersten Hamburg-Besuch.

1 Wochenende
in Hamburg

Freitag: Start des Hamburg-Wochenendes ist ein **City-Bummel** durch die Mönckebergstraße und über den Jungfernstieg, dazu Shopping in den Boutiquen der Passagen zwischen Neuer Wall und Große Bleichen sowie eine Kaffeepause im **Alsterpavillon**. Ganz in der Nähe ist der Anleger für die Schiffe, mit denen man über **Binnen- und Außenalster** schippern kann, vorbei an den **weißen Villen** der Hamburger Prominenz. Ein Abendessen im Fischrestaurant ›Rive‹ direkt an der Elbe mit anschließendem Musicalbesuch sorgen für einen gelungenen Abschluss des ersten Hamburg-Tages.

Samstag: Den Vormittag kann man der Kunst widmen: in der **Hamburger Kunsthalle** etwa, einer der bedeutendsten Gemäldesammlungen Deutschlands, oder den aktuellen Ausstellungen in der **Galerie der Gegenwart**. Einen Besuch wert sind auch das **Museum für Kunst und Gewerbe** mit der wunderbaren Jugendstilsammlung und das **Museum für Hamburgische Geschichte** mit den vielfältigen Zeugnissen aus der Vergangenheit der Hansestadt. Nachmittags lohnt eine Erkundung des **Hafens** – Deichstraße, Speicherstadt, Landungsbrücken mit der ›Rickmer Rickmers‹ und der ›Cap San Diego‹ – sowie eine Hafenrundfahrt. Ebenfalls

sehenswert sind die Barockkirche **St. Michaelis** und die nahe gelegenen **Kramer-amtsstuben**. Wer in Sachen Kunst und Kultur noch aufnahmefähig ist, ist abends im **Deutschen Schauspielhaus** oder im **Thalia Theater** bestens aufgehoben. Die Alternative heißt natürlich **Reeperbahn** und **St. Pauli** bei Nacht.

Sonntag: Entweder man feiert durch oder steht sehr früh auf, um am Sonntag über den **Fischmarkt** zu bummeln. Hier gibt es Fisch satt, Trödel, Pflanzen, frisches Obst und jede Menge originelle Typen. Wem nach frischer Luft ist, der sollte auf dem Uferweg an der Elbe längs zum **Jenischpark** spazieren, inklusive Besuch des Jenisch-Hauses mit dem Museum für Kunst und Kultur, oder mit dem Bus nach **Blankenese** fahren. Direkt am Elbufer laden dort gastliche Restaurants zur Mittags- oder Kaffeepause ein. Alternativ-Programm bei Regenwetter: Ein Besuch im **Ernst-Barlach-Haus** am Nordrand des Jenischparks.

St. Michaelis

Turm: Der Turm mit der unverwechselbaren Kupferhaube ist das Wahrzeichen Hamburgs, der „Michel". Genießen Sie den einmaligen Blick von Hamburgs schönstem Aussichtspunkt - 106 Meter über der Elbe.

Kirche: Die bedeutendste Barockkirche Norddeutschlands. Der Kirchenraum bietet Platz für 2.500 Menschen. Der Altar hat eine Höhe von 20 Metern. Neben den drei historischen Orgeln gibt es als Besonderheit ein sogenanntes Fernwerk, das die Besucher von Orgelkonzerten mit Klängen einer „unsichtbaren" Orgel begeistert.

Gruftgewölbe: Einzigartige Krypta u.a. mit dem Grab von Carl Philipp Emanuel Bach und einer Ausstellung über die Geschichte der Kirche, sowie **Hamburg HiStory**, eine spannende Zeitreise durch mehr als 1.000 Jahre bewegte Geschichte Hamburgs. (DVD, Dauer 30 Minuten).

Nachtmichel: Ab 19:30 Uhr können Sie einen atemberaubenden Blick über das nächtliche Hamburg und den Hafen genießen, bei klassischer Hintergrundmusik und einem kleinen Umtrunk. Weitere Infos finden Sie unter www.nachtmichel.de oder per Telefon unter (040) 28 51 57 91

Öffnungszeiten:

Mai bis Oktober:	täglich	9:00 - 19:30 Uhr
November bis April:	täglich	10:00 - 17:30 Uhr

Hauptkirche St. Michaelis
Englische Planke 1
20459 Hamburg

Telefon: (040) 376 78 - 0
Telefax: (040) 376 78 - 310
Mail: info@st-michaelis.de
Internet: www.st-michaelis.de